20대 부자 수업
야무지게 모으고
똑똑하게 투자하자

20대 부자 수업

야무지게
모으고

김태은 지음

통장세팅부터 투자, 대출, 청약까지
지금 당장 따라하는 실전 돈 관리

똑똑하게
투자하자

바이북스
ByBooks

추천사

"돈을 모으는 일은 재능이 아니라 습관이다." 저자의 이 한 마디가 큰 울림으로 다가옵니다. 지금의 작은 실천이 미래의 여유를 만든다는 사실을 깨닫게 해줍니다. 소비 · 저축 · 대출 · 투자의 원리를 청년의 눈높이에서 풀어내며, 스스로 금융 루틴을 만들 수 있도록 돕습니다. 이 책을 읽고 실천한 사람과 아닌 사람의 미래를 상상하게 되는 것은 왜일까요? 20대 청년이 꼭 읽어야 할 책입니다.

_이옥원(전국지역경제교육센터협의회 회장)

디지털자산에 이어 머지않아 나스닥과 한국거래소까지 24시간 움직일 시대, 청년의 돈 관리는 '해도 그만'이 아니라 넘어지지 않기 위한 기본기입니다. 오랜 시간 청년들과 호흡해 온 김태은 박사는 이 책에서 '첫 월급, 첫 카드, 첫 투자'를 앞둔 막막함과 불안을 청년의 눈높이에서 구체적인 선택과 행동, '나만의 기준'으로 바꾸는 법을 차분하게 짚어줍니다. 사다리가 보이지 않지만 더 멀리, 더 높이 점프하며 행복한 미래를 꿈꾸는 모든 청년에게 이 책을 자신 있게 권합니다.

_정운영((사)금융과행복네트워크 이사장)

현재의 고민과 미래를 위한 설계 그 지점을 걷고 있는 청년들에게 소개할 수 있는 책을 만나게 되어 기쁘게 생각합니다. 어렵다와 복잡하다라고 '금융'을 이해하고 있을지도 모릅니다. 이 책은 그 부담을 덜어주고 친절한 안내서가 되어줄 것입니다. 단순히 돈을 '많이' 벌라고 말하는 대신, 나의 삶을 돌아보고, 내게 맞는 목표를 세우고, 자산을 키워나가는 여정을 소개합니다. 인생의 중요한 길목에 선 청년들에게 재정적 독립과 심리적 안정을 동시에 선물할 수 있는 책입니다.

경제적 자유를 향한 여정은 외롭고 막막할 수 있지만, 이 책을 통해 용기를 얻고 올바른 방향을 잡을 수 있기를 진심으로 응원합니다. 이십여 년 동안 쌓아온 저자의 청년들을 향한 외침이 이 책으로 결실을 맺게 되어 매우 기쁘게 생각하며 이 추천사를 씁니다.

_최윤화(신용회복위원회 신용교육원 원장)

사회공헌 활동을 같이하는 저자로부터 추천의 글을 써 달라는 요청을 받고 제가 그럴 자격이 있나 하는 생각이 들었지만 원고를 읽으며 공감하는 점이 너무 많아 생각이 바뀌었습니다. 독자분들도 함께 느끼기를 바라는 마음이 커져 추천의 글을 쓰고 싶은 마음이 절실하게 다가왔습니다.

대학에서 오랫동안 강의하신 경험을 바탕으로 잔잔하면서도 핵심을 챙기는 글을 간절한 소망을 담아 책으로 옮겼다는 생각이 듭니다. 사랑이 내뿜는 향기는 남을 먼저 이해하는 것에서 출발한다고 생각합니다. 미래 세대인 청년에 대한 이해도가 높은 저자의 글은 개념에 충실하면서도 지금 바로 실천 가능한 내용이 가득합니다. 청년뿐만 아니라 경제 금융에 관심을 가진 사람이면 누구나 일독하여 전문가의 향기를 느껴 보기를 권합니다.

_김병만((사)미래경제교육네트워크 신용상담센터 센터장)

돈 관리란 부자가 되기 위한 것이 아니라 나의 삶을 설계하는 과정이라는 저자의 생각에 완전 공감합니다! 막연했던 돈 관리의 기본 원칙, 현실적인 소비 점검부터 실전투자 전략까지 20대가 반드시 알아야 할 돈에 대한 모든 것을 담고 있습니다. 지금 당장 경제적 자유를 쟁취하고자 하는 20대 청년들에게 최고의 길라잡이가 되어줄 것입니다!

_엄명숙(서울소비자시민모임 대표)

20대는 인생의 기초를 다지는 가장 중요한 시간입니다. 이 책은 복잡한 금융 환경 속에서도 스스로 자산을 단단하게 설계하도록 이끄는 든든한 안내서로서, 지금 시작하는 작은 실천이 여유롭고 흔들림 없는 미래로 이어지길 바라는 저자의 진실된 마음을 담고 있습니다.

_안용섭(서민금융연구원 원장)

사회초년생이 돈 관리를 시작해야 하는 이유에 대해 명료하고 쉽게 정리된 책입니다. 인생의 선택지를 넓게 하고 풍요롭게 살려면 모으는 데 그치지 않고, 돈을 어떻게 잘 쓰임새 있게 활용하는 것이 중요한데 그 해답을 찾을 수 있는 필독서이자 디딤돌 역할을 해주는 길잡이가 될 것입니다. 이 책을 통해 수년간 쌓인 저자의 노하우를 배울 수 있고 '돈 걱정 제로 플랜'을 구축해 생애주기 맞춤형 재무설계의 토대를 마련할 수 있다고 확신합니다.

_장두원(기획재정부 경제교육관리위원회 민간위원)

자산보다 먼저 돈의 기본기를 쌓자

2002년 신용카드 남발로 카드대란 사태가 발생하며 수백만 명의 신용불량자 뉴스가 도배되던 때였다. 대학원을 막 졸업했을 즈음이었으니, 그때부터 금융 교육에 관심을 두기 시작했고, 나의 첫 번째 금융 교육 주제는 '신용과 부채'였다. 그 당시 내가 만난 사람들은 부자가 아니라, 연체자와 무너진 가족들이었다. 돈 관리에 문제가 생겼을 때 가족 전체가 흔들리는 것을 가까이에서 보며, 나는 '하방을 방어하는 안전한 돈 관리'의 중요성을 뼈저리게 깨달았다.

금융권에서 일을 하다 다시 학교로 돌아가 박사과정을 마치고, 본격적으로 금융 교육 현장에 뛰어들었다. 지금까지 1만 시간 이상, 누적 교육 인원수는 20만 명이 넘는 것 같다. 교양, 전공수업을 하며 만난 대학생, 현역 군인, 사회초년생과 1인 가구, 자립지원 청년까지 많은 청년과 함께했다.

점점 돈에 대한 관심은 커지나 아쉬운 점은 유튜브에서 편리하게 금융 지식을 접하다 보니, 주식, 부동산과 같은 금융의 심화 정보만 넘쳐났다. 내공을 쌓으며 나의 가치를 높여야 할 때, 자본이 작은 상태에서 기본기도 부족한데, 투자에 몰두하거나, 1억이라는 돈의 가치를 너무 쉽게 평가하는 등의 왜곡된 모습도 보였다.

고등학교까지 대입이라는 벽에 막혀 경제, 금융 공부는 기회도 거의 없었다. 심화 지식도 너무 중요하지만, 20대에는 돈 관리 기본기를 단단히 다지는 것이 무엇보다 중요하다.

진짜 부자들의 돈 관리 방법

대학원에서 수업을 듣고, 금융권에서 일하시는 많은 분과 함께하며 진짜 부자들의 돈 관리 방법을 들을 기회가 생겼다. 20대에는 어떻게 돈 관리를 하면 좋을까요? 하고 물어보면 대부분 "열심히 일해서 덜 쓰고 모아야지."라는 답을 주신다. 너무 단순하고 재미없는 답처럼 느껴지지만, 이것이 진짜 정답이다. 열심히 일해서 덜 쓰고 남는 돈을 많이 남겨서 그걸로 모으고 불려, 시간의 힘으로 부자가 되는 거였다. 결국 소득, 지출, 저축이 바로 돈의 기본기인 셈이다. 하지만 지금은 대출도 중요한 영역이 되었다. 잘못 활용하면 인생이

흔들릴 수 있지만, 영리하게 감당할 수 있는 범위 내에서 활용하면 자산 형성에 도움이 된다.

그러나 부자들은 여기까지만 한 건 아니고, 현금을 자산으로 바꿔놓았다. 자산이라 하면 주식, 부동산이 대표적이다. 우리나라는 현재까지 주로 부동산 자산으로 바꿔놓은 경우가 대부분이다. 그리고, 극상위권 부자가 되기 위해서는 돈을 더 벌거나, 더 불리는 돈의 또다른 영역이 필요했다. 그러나 여기에는 월화수목금금금 워라벨이라고는 찾아볼 수 없는 엄청난 노력이 있었다. 그러나 또 여러 리스크도 있었고, 운도 작용하였다. 리스크나 운은 우리가 통제할 수 없는 것이기 때문에, 이 책에서는 지출, 저축, 대출, 그리고 투자의 기본에 관해 이야기하고자 한다.

그리고, 돈 이야기를 하다 보면 놓치는 것이 있다. 내가 뭘 하려고 하는가? 내가 왜 사는가? 내 인생의 방향은 정해 놓고, 목표를 달성해 가는 것이 중요하다. 각자 인생의 방향이 어떻든 다 소중하고, 존중해 주어야 한다. 방향을 잘 잡고, 목표를 잘 달성해 가다 보면 어느덧 내가 생각하는 나를 만날 수 있을 것이다.

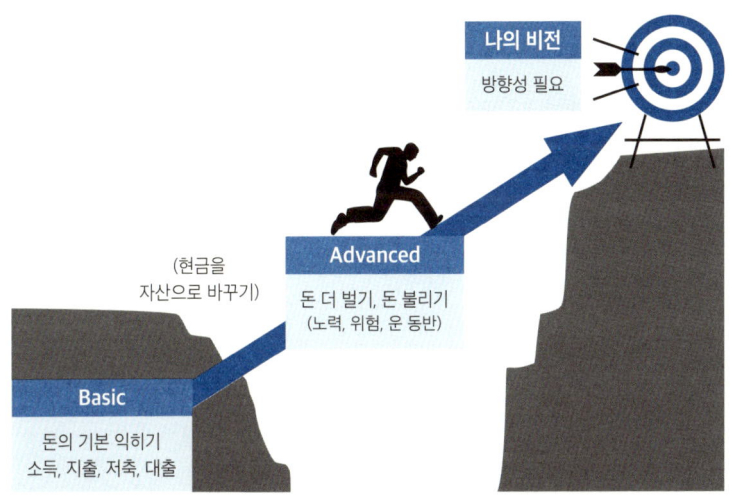

돈의 기본 익히기
소득, 지출, 저축, 대출

(현금을
자산으로 바꾸기)

Advanced
돈 더 벌기, 돈 불리기
(노력, 위험, 운 동반)

나의 비전
방향성 필요

20대, 돈을 모으는 전략

20대에는 열심히 배우고 익혀 내 몸값을 올리는 준비 작업을 하는 것이 가장 중요하다. 그래야 소득을 높일 수 있다. 그것이 제일 중요하고, 그다음, 소득을 지금 쓸 돈(지출)과 나중에 쓸 돈(저축)에 잘 배분해 놓는 것이다. 예산을 짜서 불필요한 지출을 줄이고, 많이 남겨서, 목표와 기간에 맞는 금융상품을 찾아서 꾸준하게 모으고 불리는 것이 중요하다.

20대에는 나의 소득을 목표에 맞게 지출, 저축, 투자 통장을 잘 세팅해 놓고, 루틴하게 통장에 잘 배분해 놓으면 된다.

돈 관리는 습관이자 시스템이다

이 책의 내용은 대학 교양 강의와 금융 교육 현장에서 20만 명 이상을 만나며 준비한 자료와 질문과 경험을 바탕으로 정리했다.

돈 관리가 처음인 대학생과 사회 초년생을 위해, 목표에 맞는 금융상품을 잘 선택할 수 있도록 정리했다.

나에게 맞는 통장 세팅법
통장 세팅을 위해 알아야 할 금융 지식
꼭 알아야 할 금융상품

무엇이든 그렇지만 돈 관리도 '기본기'를 탄탄히 하고, '꾸준히 실천하는 사람'이 승자이다. 시간이 최고의 무기인 여러분, 기본기를 잘 닦아 시간을 활용하여 10년, 20년 뒤 지금보다 훨씬 더 단단하고 여유로운 미래의 나를 만나길 바란다.

금융 교육에 진심인 김태은 드림.

PART 2

돈 모으는 힘을 기른다

PART 3

모아둔 돈, 이제는 키우자

PART 4

금융 생활의 핵심 근육, 신용과 대출

PART 5

독립을 위한 내 집 준비방법
청약부터 대출까지

Chapter 8 내 집 마련의 기본 청약통장 181

Chapter 9 🏠 전세부터 매매까지 첫 집 구하기 205

PART 1

돈에는 출발점과 목적지가 있다

돈 관리란, 단순히 돈을 모으는 기술이 아니라
나의 삶을 설계하는 과정이다.
돈 관리 전에, 나는 어떤 삶을 살고 싶은지
방향을 정하는 것이 중요하다.

Chapter 1

방향이 있어야 목표가 보인다

텅장 경고! 내 돈은 어디로 사라졌을까?

돈 벌기 시작했는데… 왜 자꾸 돈이 부족하지?

고등학교 때까지는 주로 부모님 용돈으로 생활한다. 대학에 들어가면? 용돈에 알바비가 조금씩 더해지고, 취업하면 진짜 내 힘으로 버는 첫 월급을 받게 된다. 아르바이트를 한 번이라도 해보면 돈 버는 게 쉬운 게 아니구나, 현타 오는 날엔 '다시는 안 해!', ' 공부가 제일 쉬웠어요.'라는 말이 이해되기 시작한다. 그러다, 월급이 들어오면 생각이 달라진다.

'내 돈으로 사고 싶은 걸 사니까 좋은데?'

학교를 졸업하고, 원하는 회사에 한 번에 들어가는 것도 어렵고, 들어가서도 사회생활의 고됨을 온몸으로 실감한다. 그리고 깨

닫는다.

"이 월급으로 집도 사고, 차도 사고, 연애도 하고… 이게 가능하긴 한 거야?"

한 달 한 달 겨우 버티는 느낌이 들고, 통장에 돈은 잠시 스칠 뿐…. 지금 행복이 중요하지, 이게 인생이지~ 생각하다가, 또 문득 이런 생각이 든다.

"이렇게 살다가는 돈이 안 모이겠는데?"

돈을 모아야겠다는 생각이 들면서도, 쓰는 재미에 빠져 실천이 안 된다. 실천은 더디고, 불안감은 높아진다.

'나 너무 늦은 거 아니야?'

그제야 1억 모으는 계획을 세워본다.

'한 달에 100만 원씩 모아도 1억 모으려면 8년이 걸리는구나.'

'3년 안에 1억을 모으려면 한 달에 278만 원을 모아야 하는구나.'

'1억이 굉장히 큰돈이구나~~'

시작도 전에 지쳐버린다. 유튜브를 본다.

'월 1,000만 원 버는 20대 청년의 비결'

'투잡으로 연봉 2억 만든 대학생의 하루 루틴'

"AI만 활용해서 회사 연봉 한 달 만에 벌고 있어요."

음… 나만 이렇게 평범하게 살아도 되는 걸까?

하지만 세상은 그렇게 간단하지 않다. 가끔은 운 좋게 갑자기 뜨는 사람도 있긴 있다.

한 개의 영상으로 유명해지는 사람도 있고, 예상치 못하게 대박을

터트리는 경우도 있다. 그러나 준비 없이 주목받으면, 금세 잊히거나, 감당하지 못하고 무너지는 경우도 많다. 돈 관리란, 단순히 돈을 모으는 기술이 아니라 나의 삶을 설계하는 과정이다.

왜 늘 부족할까? 돈 관리의 이유와 생애주기

요즘은 돈 모으기가 점점 어려워지고 있다. 왜 그럴까?

돈을 벌기 시작하는 시점은 늦어졌고, 돈을 써야 하는 일은 줄지 않았기 때문이다. 재수, 삼수를 하면 대학 입학 나이도 늦어지고, 중간에 휴학하는 경우가 늘어나고 있다. 졸업 후, 첫 취업까지 평균 11.5개월을 준비한다. 첫 직장 평균 근속 기간은 1년 7개월 정도이다. 그리고 다른 회사로 이직을 하는 경우가 많다.[1]

- 대학 입학 준비 : 재수, 삼수 등으로 공부 기간이 길어짐
- 취업 준비 기간 증가 : 휴학, 추가 공부, 스펙 쌓기 등으로 취업이 늦어짐
- 학자금 대출 부담 : 대출 상환 때문에 저축 여력이 부족함
- 직업 안정성 감소 : 한 직장에서 장기 근속하여 은퇴하는 경우가 줄어들고, 퇴사와 이직이 잦아짐

그런데 진짜 문제는 따로 있다. 돈을 버는 시간은 짧아지고, 돈을 써야 하는 시간은 더 길어지고 있다는 사실이다. 2023년 기준 대한

민국의 평균 수명은 83.5세(남 80.6세, 여 86.4세)이다. 100세 시대를 넘어 120세까지 얘기가 나온다. 반면, 근로소득자의 퇴사는 평균적으로 50세 전후다.

부모님이 도와준다고 생각할 수 있지만, 부모님도 오래 산다. 그리고 많은 부모님이 자녀 교육비에 올인하느라 정작 자신들의 노후는 많이 준비하지 못했다. 그 결과, 한국의 노인 빈곤율이 OECD 38개국 중 1위이다. 66세 이상 노인 빈곤율이 40.4%, 76세 이상은 2명 중 1명이 빈곤층에 속한다. 노후 대비가 부족해서 실질 은퇴 나이가 72.3세로 OECD 최고 수준이다. 쉬고 싶지만 먹고 살기 위해서 쉴 수 없는 상태이다.[2]

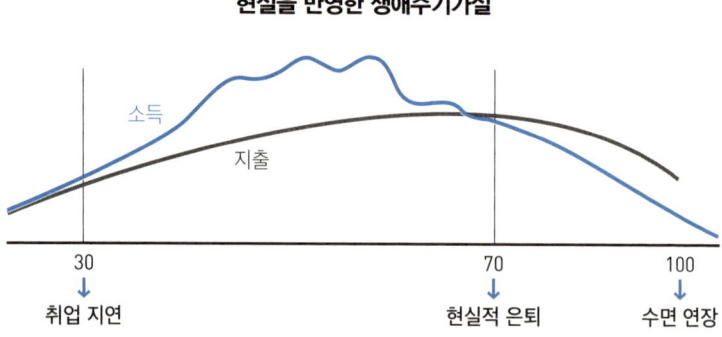

현실을 반영한 생애주기가설

100세 시대를 기준으로 생각해 보면? 30세에 일 시작, 70세에 은퇴[3] 한다해도 은퇴 이후 30년은 소득 없이 살아야 한다. 결국, 일할 수 있을 때 미리 준비하지 않으면 노후가 불안해질 수밖에 없다. 돈 관리는 부자가 되기 위한 게 아니다. 돈의 밸런스를 맞춰 죽을 때까지 무난하게 살기 위한 준비다. 부모님도 노후 준비 여력이 빠듯하다. '지금 다 써버리면 안 되겠구나. 조금이라도 모아야겠다.'라는 생각을 가지고, 내가 나의 독립을 준비해야 한다.

여기까지 읽었다면 다 쓰면 안 되겠구나. 돈을 좀 모아야겠다는 생각이 들 것이다. 그런데 돈 관리를 해야 하는 한 가지 더 중요한 이유가 있다.

우리는 살면서 큰돈이 필요한 이벤트를 여러 번 마주한다.

- **독립할 때의 전세 보증금 등**
- **자동차 구매**
- **결혼 자금**
- **노후 준비**

이런 일들은 목돈이 많이 든다. 그래서 모으는 것만으로 부족하다. 대출, 투자 같은 운용 기술도 필요하다. 즉, 돈을 버는 것만큼 '다루는 실력'도 중요하다. 그래서 돈 관리가 어렵다.

20대는 돈을 가장 적게 벌지만, 가장 많이 모을 수 있는 시기다

돈 관리에서 20대에게 가장 중요한 것은? 돈 모으기? 돈 불리기? 아니다. 20대의 대확행은 나를 멋지게, 가치 있게 만들어 '나의 소득을 키우는 것'이다. 20대에는 공부, 인간관계, 경험 등으로 나를 가치 있는 사람으로 만드는 것에 집중하는 것이 가장 중요하다.

다음으로 돈 관리의 기초를 익히고, 나만의 돈 관리 시스템을 만드는 것이다. 아르바이트를 하든, 첫 직장을 다니든 '돈을 버는 경험' 자체가 앞으로 돈을 다루는 기반이 된다. 처음부터 완벽하게 돈을 모으고, 불리고, 투자하지 않아도 괜찮다. 불필요한 지출을 줄이고, 돈을 모아보고, 때로는 실패도 해보며, 나에게 맞는 돈 관리 시스템을 만드는 것이 중요하다.

돈을 가장 많이 벌 수 있는 시기와 돈을 잘 모을 수 있는 시기는 다를 수 있다. 20대는 학생이거나 사회초년생이다. 알바해서 몇 푼이나 된다고? 이제 시작이라 연봉 너무 낮다고! 돈 관리는 아직 안 해도 돼. 이렇게 생각할 수 있다. 아이러니하게도, 20대가 좀 더 정확하게는 직장에 갓 들어간 사회초년생이 돈을 모으기에 가장 유리한 시기다.

왜냐하면? 20대는 대부분 변동지출이다. 내 노력에 따라 얼마든지 지출을 줄일 수 있다.

- 적은 돈이라도 시간의 힘을 이용하면 크게 불어날 수 있다.(복리는 20대가 가질 수 있는 최고의 '치트키'다)
- 지금 만든 습관이 평생 돈의 흐름을 바꾼다.

20대는 '돈이 많아서'가 아니라 '시간이 많아서' 유리한 시기다. 지금 통장에 있는 돈이 적다고 실망하지 마라. 지금부터의 행동이, 미래의 여유를 만든다.

살아보니 인생은 한방으로 뒤집는 게임이 아니다. 성실함과 꾸준함이 훨씬 더 중요하다. 기본기를 다지고, 열심히 공부하며 계속 업그레이드하고, 저축하고, 소비를 통제하는 사람이 결국 부를 만들어 낸다. 성실하고 꾸준하다는 것은 나의 중심이 있고, 삶의 스타일이 있고 그 안에서의 목표가 있기 때문이다. 최근에는, 나답게 오래 잘 사는 것, 지속 가능한 성공이 중요하다. 그래서 누군가의 빠른 성공을 부러워하지 않아도 된다. 나를 업그레이드하며, 주변에 좋은 사람과 운이 더해지면 나만의 때가 온다. 그러나 중요한 것은 업그레이드하며 나를 만들어가는 시간이 필요하다.

결국 돈 관리란, 단순히 돈을 모으는 기술이 아니라 나의 삶을 설계하는 과정이다. 돈 관리 전에, 나는 어떤 삶을 살고 싶은지 방향을 정하는 것이 중요하다.

예측할 수 없는 인생, 그럼에도 방향은 필요하다

'열심히 살면 되겠지'라는 말은 틀리지 않다. 그러나, '어떤 사람이 되고 싶은지?'에 대한 고민이 더 중요하다. 즉, 비전과 방향을 설정하는 과정이 필요하다. 비전을 정해놓고 그 방향으로 나아가다 보면, 때로는 돌아가는 듯한 순간이 찾아온다. 시간이 지나 보면, 그 우회가 손해나, 실패가 아닌 나에게 꼭 필요한 경험이었음을 깨닫게 된다. 일종의 신의 한 수처럼 작용하는 것이다.

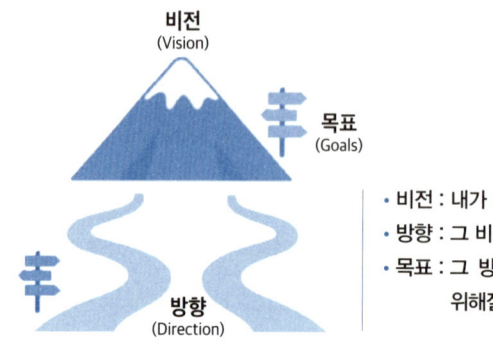

비전
(Vision)

목표
(Goals)

방향
(Direction)

· 비전 : 내가 최종적으로 되고 싶은 모습
· 방향 : 그 비전을 향해 나아가는 큰 길
· 목표 : 그 방향을 실제 행동으로 바꾸기
　위해잘게 쪼갠 실행 단위

나의 경우로 예를 들면, 내 비전은 실용적인 금융·경제 교육자로 성장하는 것이다. 그 비전을 향한 방향은 현장에서 경험을 쌓고, 사람들에게 실제로 도움이 되는 금융지식을 전달하는 것이다. 가끔 이 길이 돌아가는 것처럼 느껴질 때도 있고, 현타가 오는 순간도 있다. 그러나 그 우회의 순간들이 내 비전을 더 단단하게 만들어주고 있었다. 그러니 너무 지름길만 찾지 않아도 된다. 돌아가는 길에도 반드시 의미가 있다.

보이는 목표가 이루어진다

대학생, 사회 초년생이 느끼는 미래의 막막함은 자연스러운 것이다. 군부대 강의에서 만난 청년들도, 대학 수업 시간에 만나는 학생들도 대부분 같은 고민을 말한다. 미래가 불안해요. 준비해야 할 건 많고 이게 다 도움이 되는 건가 싶고, 취업은 될까 싶고… 그 마음이

낯설지가 않다. 나 역시 그랬다. 조금씩 내가 하고 싶은 대로 인생이 돌아간다고 느낀 건 월 단위, 년 단위 목표와 할 일을 적은 다이어리를 작성하고, 작성한 대로 그냥 했다. 불확실한 세상, 빠르게 변화하는 세상일수록 방향을 잃지 않으려면 지금 할 수 있는 한걸음이 중요하다.

목표를 세우는 법: 지금 할 수 있는 것부터

'지금의 나' + ☐ = 20년 후의 나

'지금의 나 + ☐ = 20년 후의 나' 이 방정식에서는 20년 뒤의 나를 정확히 알 수 없어, ☐ 값을 구하기가 어렵다. 하지만 만약 '1 + ☐ = 3'이라는 방정식이 주어진다면 ☐는 2라는 답을 쉽게 찾을 수 있다. 즉, 눈앞에 보이는 달성 가능한 목표를 설정하면, 지금 무엇을 해야 할지 분명해진다.

그러니 너무 멀리 있는 불확실한 꿈에 주눅 들지 말고, 지금 할 수 있는 작고 구체적인 목표부터 시작하자. 그게 방향이고, 돈 관리의 시작점이다.

목표를 이루는 습관 만들기: 기록의 힘

내가 정말 의지했던 건 다이어리였다. 예를 들어, '한 달 뒤 공모전 제출'을 목표로 잡으면

- 1주차 : 주제, 방향잡기, 자료 최대한 모으기
- 2주차 : 주제를 선정하고, 지속적으로 자료를 읽기, 초안잡기
- 3주차 : 관련 도서, 논문등 계속 보강하며 2차 초안
- 4주차 : 최종글쓰기, 자료 보안, 제출자료 확인

이런 식으로 러프하게 목표를 잡고, 주 단위로, 또다시 하루 단위로 쪼개서 기록했다. 그리고 매일 그날 해야 할 일을 적고, 다 했으면 줄을 쫙 그었다. 작은 할 일들을 해치울수록 '나 지금 잘하고 있네' 하는 기분이 들었고, 그러다 보면 어느새 목표에 훨씬 가까워져 있었다.

기록은 생각보다 강력하다. 머릿속에만 있을 땐 막연하고 불안한 목표도, 글자로 적으면 내 마음속에 자리를 잡는다. 매일 해야 할 것들이 명확히 보이고, 할만해서 실행에 옮기기도 훨씬 쉽다.

단, 말로만 다짐하지는 말자. "나 이거 꼭 할 거야!"라고 얘기하고 다니는 건 오히려 독이 된다. 말로만 다짐하다 보면 실제 행동은 점점 느슨해지기 쉽다. 진짜는 그냥 조용히, 꾸준히, 묵묵히 실천한 사람에게 온다.

중요한 일은 미루지 않는다

만다라트: 목표 구체화 도구

목표를 단순히 적는 것에서 더 나아가 보자. 그 목표를 구체적인 행동으로 쪼개어 실천하는데 효과적인 도구가 있다. 바로 만다라트(Manda달성하다+Art기술)다. 일본 야구선수 오타니 쇼헤이로 더욱 유명해진 목표 달성의 구조적 사고 도구이다.

오타니 쇼헤이는 16살 고등학생 시절, '홈 구단 드래프트 1순위 지명'을 목표로 만다라트를 작성했다. 중심 목표를 이루기 위해 그는 '몸 만들기, 제구력, 구위, 멘탈, 인간성, 운, 변화구, 스피드 160km/h' 같은 하위 목표를 설정했다. 그리고 하위 목표별로 세부 실행 계획까지 세웠다. 예를 들어, '운'을 높이기 위해 '쓰레기 줍기, 인사하기' 같은 작은 행동도 적어 놓았다. 결국 그는 일본뿐 아니라 미국 메이저리그에서도 대기록을 세우며 성공적인 커리어를 쌓고 있다.

수업 시간에 학생들과 만다라트를 작성해 보았는데, 한 학생은 '내 집 마련'을 목표로 세우고 하위 목표를 정했다. '원룸에서 시작하기, 벌레 없는 집 고르기, 물 잘 나오는 집 고르기, 층간 소음 없는 집 고르기, 사기 안 당하기, 꾸준히 저축하기, 영끌하지 않기, 집에 너무 큰 기대 갖지 않기' 등을 적었다. 세부 계획을 보니, 이 학생은 나중에 정말 제대로 집을 살 것 같다는 생각이 들었다.

만다라트 작성 방법

❶ 가장 중요한 목표(3~5년 내 목표)를 가운데 칸에 적는다.

❷ 최종 목표를 이루는 데 필요한 8개의 하위 목표를 주변 칸에 적는다.

❸ 각각의 하위 목표를 더 세분화하여 구체적인 실행 계획을 적는다.

만다라트 작성법

구체적인 실행계획1	구체적인 실행계획2	구체적인 실행계획3						
구체적인 실행계획4	하위 목표1	구체적인 실행계획5		하위 목표2			하위 목표3	
구체적인 실행계획6	구체적인 실행계획7	구체적인 실행계획8						
			하위 목표1	하위 목표2	하위 목표3			
	하위 목표4		하위 목표4	핵심 목표	하위 목표5		하위 목표5	
			하위 목표6	하위 목표7	하위 목표8			
	하위 목표6			하위 목표7			하위 목표8	

빈칸을 다 채우는 게 생각보다 쉽지 않지만, 꼭 끝까지 작성해야 한다. 그래야 내가 집중해야 할 핵심이 무엇인지 명확해진다. 반드시 해야 할 것들이 보이기 시작할 것이다.

중요한 일은 미루지 말자

그런데 문제는, 가장 중요한 일일수록 지금 당장 급하지 않다는 것이다. 그래서 '이거 해야 하는 거 아는데…' 하면서도 계속 미루게 된다. 스티븐 코비 《소중한 것을 먼저 하라》라는 책에서는 가장 중요한 일일수록 내 하루 일정 속에 일부러 시간을 마련해 넣어야 한다고 한다. 중요한데 당장 급하지 않은 일은 내가 스스로 마감일을 정해야 한다. 솔직히 말하면, 나도 자주 미룬다. 하지만 경험상, 급하지 않지만 중요한 일을 먼저 해내면 내 인생이 한 단계 점프하는 순간이 찾아온다.

어떤 사람은 가장 중요한 일을 머리가 가장 맑을 때 먼저 끝내고, 나머지 시간은 덜 중요한 일들로 채운다고 한다. 나도 아직 저녁형 인간이지만, 아침 시간은 연락도 없고 방해받지 않아서 생산성이 높아지는 것 같다.

결국 중요한 건, 목표를 '언젠가 해야지'라고만 생각하는 게 아니라 '오늘 할 수 있는 작은 일부터 하나씩' 실천하는 것이다. 그래야 미루기만 했던 일들이 진짜 내 삶을 바꾸는 도구가 된다.

	급하지 않음	급함
중요하지 않음	시간 낭비 (인스타, 유튜브 보기)	단순 업무가 많지만, 데드라인이 있어 처리하게 됨.
중요함	**인생이 점프업이 되는 일일** **가능성 높음.** 그러나 자꾸 미룸. (내가 반드시 시간을 내야 함!)	긴급하기도 하고 중요하면 어차피 함.

돈 목표,
구체적으로 세워야 진짜 내 돈이 된다

이제 인생의 큰 방향도 정해봤고, 중기적인 목표도 세워봤다면,
그 목표를 돈과 연결해 보자.

다음 중 더 실현 가능성이 높은 목표는 무엇일까?

❶ 난 부자가 될 거야.

❷ 난 1억을 모을 거야.

❸ 난 5년 안에 1억을 모을 거야.

❹ 난 5년 안에 1억을 모아서 독립 자금을 마련할 거야.

정답은 ④

① "난 부자가 될 거야."

→ 초등학생이 "나 서울대 갈 거야!"라고 막연히 외치는 것과 같다. 구체적인 계획이 없다면 실현하기 어렵다.

② "난 1억을 모을 거야."

→ 이전보다는 구체적이지만, 언제까지가 빠져 있다. 90살에 1억을 모은다면 큰 의미가 없을 수도 있다.

③ "난 5년 안에 1억을 모을 거야."

→ 이제야 목표가 현실적으로 보이기 시작한다. '5년'이라는 기한과 '1억'이라는 금액이 정해지면, '1년에 2,000만 원, 한 달에 167만 원씩 모아야 하는구나.'라는 계산이 나온다. 그러면 월급의 몇 %를 저축해야 하는지, 부족하면 투잡을 해야 하는지 등 현실적인 고민이 가능해진다.

④ "난 5년 안에 1억을 모아서 독립 자금을 마련할 거야."

→ ③번보다 더 구체적이다. 돈을 모은 후의 사용 목적까지 포함되어 있기 때문이다. 목표가 명확하면, 그에 맞는 금융상품을 선택할 수 있다.

이렇게 정리하다 보면, '지금 수입으로는 도저히 안 되겠는데?' '이건 다음 목표로 미뤄야겠다' 같은 판단도 할 수 있다. 그럴 땐 기간을 늘리거나, 목표 금액을 줄이거나, 다른 목표와 바꾸는 식으로 조정하면 된다.

돈과 관련한 목표 예시

목표	목표 달성 날짜	필요 금액	월 저축 금액	우선순위
노트북 구매	0000년(17개월)	170만 원	10만 원	1
독립자금 마련	0000년(60개월)	5,000만 원	84만 원	3
치과 치료	0000년(10개월)	100만 원	10만 원	2
…				

대학생들의 돈 관련 목표 변화

대학생들에게 재무 목표를 작성하는 과제를 내주는데, 코로나 이전과 이후에 흥미로운 변화가 있었다.

코로나 이전	코로나 이후
여행	여행
전자기기 구매(노트북, 패드, 휴대폰 등)	전자기기 구매
자동차 구매	독립 자금 마련

예전에는 특히 남학생의 경우 돈의 목표에서 자동차 구매가 많았다. 하지만 코로나 이후에는 돈의 목표로 독립 자금 마련을 적는 학생들이 많아졌다.

이처럼 시대의 변화에 따라 돈을 모으는 목적도 바뀐다. 하지만 중요한 건, 내 상황에 맞는 현실적인 목표를 세우고 그걸 실천 가능한 숫자로 바꿔보는 것이다. 돈 관리의 목표는 금액 그 자체가 아니라, 내 삶의 방향을 지켜주는 숫자 설계다.

생각해보기

돈 관리의 목표가 단순히 특정 액수가 되어도 나쁘진 않다. 초기에는 일단 레고 블록을 많이 모아두면 만들 것이 많아지기 때문에 나쁘지 않다. 하지만 장기적으로 그 블록으로 무엇을 설계할 것인지, 즉 그 돈을 어떻게 활용할 것인지 고민해야 한다.

참고로, 많은 사람이 1,000만 원, 5,000만 원, 1억 원을 목표로 삼는데, 김진성(2023.9)보고서에서는 이를 집과 관련된 것으로 이야기 한다.

- ✓ 1,000만 원 : 보증금, 월세로 살 수 있는 최소 금액
- ✓ 5,000만 원 : 전세로 살 수 있는 최소 금액
- ✓ 1억 원 : 지방은 1억 원, 수도권은 2억 원 이상 순자산을 보유해야 자가 비율이 높아짐.[4]

돈 관리의 진짜 목적은 현재의 돈을 미래로 옮겨 놓으며 균형을 맞춰가는 과정이다. 더 넓게는 인생을 잘 살아가기 위해 걸림돌을 없애고, 실패해도 다시 도전할 기회를 마련하는 것이다.

핵심 콕!

돈 걱정 없는 삶은, 지금의 작은 실천에서 시작된다

- 인생의 방향은 크게 잡고, 목표는 짧게 설정해 실행력을 높이자.
- 20대에게 가장 중요한 건 재테크보다 나의 가치를 키워 소득을 높이는 것이다.
- 사회초년생은 내 인생에서 연봉이 가장 적지만, 가장 많이 모을 수 있는 시기다. 시간의 힘을 믿어라.
- 돈 관리는 '죽을 때까지 무난하게 소비할 수 있도록' 소득과 지출의 균형을 맞추는 과정이다.
- 목표는 시각화하고 구체화할수록 이루어진다.
- 급하지 않지만 중요한 일은 스스로 마감일을 정하고 시간을 내야 한다. 이것이 인생을 한 단계 점프업 시키는 열쇠다.
- 돈 관련 목표는 단순한 액수와 기간뿐 아니라, '무엇을 위해' 모으는지 목적이 중요하다. 그래야 나에게 맞는 금융상품도 고를 수 있다.

돈이 많아서 시작하는 게 아니다. 시작하니까 돈이 모이는 거다.

PART 2

돈 모으는 힘을 기른다

지금 돈을 쓰는 것은 현재의 만족을 위한 소비이다.
지출은 현재 삶 만족이다. 현재 삶도 중요하다.
하나도 안 쓰는 것이 지출 관리를 잘하는 것이 아니다.
쓸건 쓰고, 불필요한 것을 줄이는 것이 중요하다.
불필요한 지출을 줄이고, 돈을 뒤로 미루는 저축은 내일을 위한 전략이다.

Chapter 2

소비를 통제해야 돈이 남는다

20대는 스스로 인생의 첫 자산을 쌓기 시작하는 시기이자 돈 관리 습관을 만드는 결정적 시기이다. 이때 기본기를 다지지 않으면, 돈을 아무리 많이 벌어도 항상 빠듯한 인생을 살게 된다.

"돈 버는데 왜 항상 통장이 텅장이지?"

그 이유는 단 하나!! 돈이 어디로 가는지 모르기 때문! 돈은 내가 챙기지 않으면 '내 돈'이 아니다. 내가 쓰는 돈, 모으는 돈. 돈을 정확히 알 때 비로소 진짜 내 돈이 된다.

이제, 20대가 꼭 알아야 할 지출과 저축의 기본기를 차근차근 익혀보자.

한 달 지출 미스터리

"저 돈 안 쓰는 편이에요."

"편의점에서 1+1, 2+1만 사구요. 인터넷에서 세일 상품만 사요."

많은 20대가 이렇게 말하지만, 카드 내역서를 보면 말이 달라진다. 하루하루 쌓인 '작은 소비'들이 어느새 100만 원을 훌쩍 넘긴다. 자. 다음은 8일 치 가계부다. 다음 금액을 합친 지출 액수는?

날짜	내용	금액	날짜	내용	금액	날짜	내용	금액
11/2	편의점	5,400	11/5	PC방	4,000	11/8	편의점	2,700
	편의점	6,500		인쇄	1,600		편의점	3,600
	편의점	8,400		편의점	3,620		편의점	5,820
	서브웨이	10,100		배달음식	17,000		택시비	5,900
11/3	편의점	6,120	11/6	교내자판기	1,700		배달음식	18,000
	편의점	6,320		편의점	3,600		여친 선물(백화점)	38,700
	편의점	13,020		편의점	5,800		내옷	119,900
	편의점	14,020		배달음식	14,000		도시가스	9,020
	편의점	7,200				11/9	편의점	7,000
	배달음식	15,000					편의점	14,130
11/4	편의점	8,020	11/7	편의점	9,000		배달음식	12,000
	편의점	2,700		전기요금	15,680		저녁식사(식당)	43,000
	편의점	9,050		편의점	4,500		교내자판기커피	1,700
	배달음식	14,000		미용실커트	17,000		지쿠터	2,200
	자판기커피	1,700						

정답: 508,720원

부모님께 용돈 50만 원, 알바비 30만 원을 받아 한 달 80만 원으로 생활해야 했던 한 학생. 그런데 카드 결제 금액은 130만 원!! 너무 이상해서 고객센터에 전화했다며, 계산기 3번 두드리고 인정!!

티끌 모아 티끌이 아니고 생각보다 태산이 되는구나. "어떻게 매달 마이너스 생활을 했는데 살아진 건지 신기할 정도다."라고 이야기를 했다.

직장인도 마찬가지다. 매일 점심값, 커피 한 잔, 간식… 사소한 소비가 생각보다 큰 지출 액수가 되어 있다. 지출이 늘어나는 것은 큰 소비보다 작은 지출이 많이 쌓여 커지는 경우가 많다.

이건 어떤가?

9월 21일	배달음식	11,000	프린트	600
9월 22일	배달음식	0		
9월 23일	배달음식	31,900		
9월 24일	배달음식	48,900		
9월 25일	배달음식	23,400		
9월 26일	배달음식	15,900	천사마트	13,800
9월 27일	배달음식	12.500		
9월 28일	배달음식	48,900	편의점	3,700
9월 20일	배달음식	11,900		
9월 30일	배달음식	39,500		
10월 1일	배달음식	15,500		
10월 2일	배달음식	34,500		
10월 3일	배달음식	0		
10월 4일	배달음식	22,900	핫도그	2,500
10월 5일	배달음식	12,400	월세	400,000
10월 6일	배달음식	39,500		
10월 7일	배달음식	30,200		
10월 8일	배달음식	12,900		

올해 목표가 다이어트인 가계부이다. 그런데, 1일 1 배달 음식이

었다. 어쩐지 살이 안 빠진다고….

이처럼 지출 기록은 내가 어떻게 살고 있는지를 적나라하게 보여주는 데이터다. 체중계에 올라가서 내 몸무게를 직시하듯, 카드 내역서를 펼치고 내 소비 내역을 살펴보자. 리얼하게 나를 들여다보면 '진짜 문제'가 보인다.

> **실천 ❶ 카드내역서 출력하기**
> • 학생이라면? 주로 체크카드를 사용한다.
> • 직장인이라면? 신용카드를 쓰는 경우가 많다.
> 한 달 카드 내역을 출력하자. 지출을 눈으로 직접 보는 것만큼 효과적인 방법은 없다. 시간을 내서 살펴보자.

나만의 소비 카테고리 만들기

가계부를 작성하다가 실패하는 큰 이유 중 하나는 기본 설정 카테고리가 나랑 안 맞기 때문이다. 일반적인 가계부 카테고리는 식비, 문화 생활비, 의류비….

그런데 나는 거의 식비다. 그러면 식비 카테고리를 세분화할 필요가 있다. 밥값, 배달 음식, 술값 등으로 식비를 세분화한다. 교통비가 너무 많이 나가면 교통비를 세분화한다. 대중 교통비, 택시비, 지쿠터비…. 카드 내역서를 보며 내 소비 패턴을 직접 분석해서 '나만의 소비 카테고리'를 만드는 것이 중요하다.

> **실천 ➋ 나만의 소비 카테고리 만들기**
> • 프린트한 카드 내역을 살펴보며, 자주 쓰는 항목을 분류
> • 내 소비 패턴에 맞는 맞춤형 카테고리 정하기
> • 각 카테고리에 얼마를 쓰는지 체크하기

고정 vs 변동 vs 특별 지출로 구분하기

카테고리를 나눴다면, 이를 고정 지출, 변동 지출, 특별 지출 어디에 속하는지 분류해 본다. 이 세 가지를 정확히 파악하면, 줄일 수 있는 비용과 대비해야 할 비용이 한눈에 보인다.

1) **고정 지출** : 매달 숨만 쉬어도 나가는 소비 항목. (주로 자동이체로 꼬박꼬박 빠져나감)

> **예** 통신비, 보험료, 월세, 관리비, 렌탈비, 정기구독료(넷플릭스, 유튜브 프리미엄, 멜론, 쿠팡, ChatGPT 등), 교통비, 식비

교통비도 고정 지출인데, 교통비 중에서도, 대중교통 정기권을 이용하면 고정 지출이겠지만, 택시, 퀵보드 비용은 변동 지출로 구분될 수 있다. 고정 지출은 매달 비슷한 금액이 나가기 때문에 예측이

쉽다. 사용하지 않는 구독료가 자동이체로 빠져나간다면 바로 해지해 두자.

2) 변동 지출 : 내 의지에 따라 늘리거나 줄이는 것이 가능한 소비 항목(정신 못 차리면 많이 지출)

> 예 배달 음식, 외식, 편의점, 택시, 의류, 문화생활, 카페, 아이돌 굿즈비

식비는 고정 지출이나. 배달음식, 외식은 변동 지출에 속한다. 변동 지출을 줄이는 방법으로는 한도를 정해놓고 그 안에서만 소비하고, 무엇보다 좀 참아야 한다. 20대는 거의 다 변동 지출이다. 변동 지출을 조절하는 것이 곧 돈을 모으는 핵심이다.

3) 특별 지출 : 특별 지출은 매달 나가지는 않지만 1년에 몇 번씩 예측 가능하게 지출이 나가거나, 혹은 예측 불가능하게 목돈이 나가는 지출 항목.

> **예측 가능한 특별 지출** 예 학원비, 경조사비, 여행비, 세금 등
> **예측 불가능한 특별 지출** 예 병원비, 핸드폰 교체비 등

특별 지출은 통장을 추가로 만들어 따로 모아놔야 한다. 이것을

따로 모아두지 않으면 나중에 더 크면 생활비 대출로 해결하게 된다. 그렇게 되지 않도록 특별 지출 통장을 따로 만들어 놓는 것이 좋다.

예산은 원하는 삶에 돈을 배정하는 것

분석이 끝났다면, 한 달 지출 목표(=예산)을 세워야 한다. 내가 쓰는 돈의 상한선을 정해야 한다.

카테고리별로. 내가 쓴 내역을 살펴보면서 '아 이 정도는 아닌 것 같다, 배달 음식은 일주일에 얼마, 한 달에 얼마 정도 써야 적당하겠구나.'라는 카테고리별 지출 목표를 세워야 한다. 특히 변동 지출은 꼭 구체적인 목표가 필요하다. 지출 관리는 '통제 연습'이다.

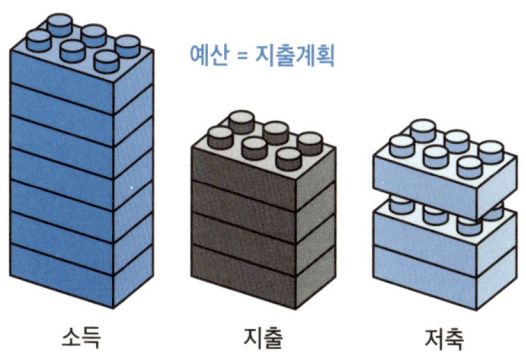

예산 = 지출계획

소득   지출   저축

나만의 소득, 지출 카테고리와 예산표 만들기 예시

	항목	월 예산	실제 지출
소득	소득 ①		
	소득 ②		
	총액		
고정지출	주거비		
	관리비		
	식비		
	통신비		
	구독비		
	총액		
변동지출	편의점비		
	외식비		
	의류비		
	카페비		
	택시비 등		
	총액		
특별지출	병원비		
	학원비		
	헬스		
	경조사비		
	여행비		
	총액		

저축 먼저! 지출 나중!

이렇게 예산을 세우고 나면 남는 돈이 있다. 그 남는 돈은 미래로 보내야 한다. 미래 지출이 저축이라고 볼 수 있다. 자, 그러면 여기서 퀴즈!!

다음 중 돈을 더 많이 모을 수 있는 행동은?

❶ 소득에서 지출하고, 나머지로 저축한다.

❷ 소득에서 저축하고, 나머지로 지출한다.

❸ 그게 그거다.

정답: ②

난, 소득에서 지출하고 저축하나, 저축하고 남은 돈으로 지출하나 그게 그거일 줄 알았다. 그러나 소득에서 지출하고 남은 건 저축이 아니다. '그냥 쓰다 남은 돈!!'이다.

상당히 많은 사람이 저축을 한다고 하는데, 알고 보면 저축 액수가 매우 작은 경우가 많다. 쓰다 남은 돈을 모으니 말이다.

예산을 바탕으로 '저축 목표 금액'을 정하자. 그리고 월급이 들어오면 자동이체로 저축부터 한다. 그리고 배정한 돈 안에서 살아가는 연습 이것이 '진짜 부자 습관이다!'처음엔 맘 편히 못쓰니 약간 불편하겠지만, 돈이 모이기 시작하는 경험을 일찍 시작해 보는 것이 중요하다.

정리하면, 저축은 돈 다 쓰고 남은 돈을 저축하는 것이 아니고, 무조건 '선 저축! 후 지출!'이다. 돈을 모으는 유일한 방법은 쓰다 남은 돈이 아니라 먼저 저축할 돈을 빼놓는 것이다. 불필요한 지출을 저축 쪽으로 더 갖다 붙이자. 선 저축. 후 지출!! 잊지 말자.

가계부는 돈의 내비게이션

가계부를 작성해라. 이 말 많이 들어봤을 거다. 나도 맨 처음 가계부를 쓰라 해서 몇 년을 열심히 작성했다. 예쁜 노트에 색깔 펜으로 정성스레 작성했다. 그런데 정말 쓴 돈이 안 줄어드는 것이다. 아니 도대체 이걸 쓰긴 쓰는데 도대체 이걸 왜 쓰라 하는건지… 중도 포기에 이른다. 아… 많이 썼네를 확인만 할 뿐.

> 가계부! 기록만으로는 부족하다. 예산 설정이 핵심!!
> 한 달 지출액을 정하고 그 안에서 잘 쓰고 있는지를 기록하는 것만이 의미가 있다!!

이것이 습관이 되면, 아주 자세히 기록할 필요도 없다. 그것이 패턴화 되어서 한 달 지출액 수만 빼놓고 크게 기록할 것도 없이 매달 지출하면 된다. 정신 못 차리는 달도 가끔 있으니 그럴 땐 다시 자세하게 작성하면서 반성의 시간을 가지면 된다.

좋은 가계부 앱이 많다. 카테고리별 예산을 설정해 놓으면 예산 설정 후 초과 여부도 자동 체크해 주고, 지난달 대비 소비, 카드 연동되어 실시간 지출 확인되니 훨씬 편하긴 하다. 손 글씨도 좋다.

가계부 쓰는 목적은 딱 하나!
내가 정한 예산 내에서 잘 쓰고 있는지 알기 위해서다.

지출은 현재 삶을 위한 것이다. 현재 삶도 중요하니, 지나치게 절약하라는 것이 아니다. 불필요한 걸 줄이며, 내게 딱 맞는 소비 리듬을 찾자.

핵심 콕!

지출 관리 7단계 실전 루틴

❶ 카드 내역서를 프린트한다.

❷ 주로 지출되는 항목들을 보면서 나만의 카테고리를 만든다.

❸ 고정 지출, 변동 지출, 특별 지출로 분류한다.

❹ 한 달 사용할 지출액의 목표(예산)을 정한다.

❺ 예산안에서 잘 쓰고 있나 지출을 기록한다.

❻ 저축 가능한 금액과 목표를 정하고 선저축 한다.

❼ 예산과 지출을 한 달에 한 번 정도 피드백하는 시간을 갖는다.

지출은 예산 설정이 핵심이다!!

불필요한 지출을 줄이고, 그만큼 저축으로 옮기는 게 핵심이다.

Chapter 3

저축은 나를 지키는 첫 방어막

남은 돈이 아니라 먼저 챙긴 돈이 저축이다

앞에서 우리는 지출을 다뤘다. 지금 돈을 쓰는 것은 현재의 만족을 위한 소비이다. 지출은 현재 삶 만족이다. 현재 삶도 중요하다. 하나도 안 쓰는 것이 지출 관리를 잘하는 것이 아니다. 쓸건 쓰고, 불필요한 것을 줄이는 것이 중요하다. 불필요한 지출을 줄이고, 돈을 뒤로 미루는 저축은 내일을 위한 전략이다. 우리는 미래를 예측할 수없다. 하지만 대비는 할 수 있다. 갑작스러운 병원비, 등 예고 없이목돈이 필요한 순간이 반드시 온다. 이런 순간에 휘청거리지 않으려면, 오늘부터 준비해야 한다.

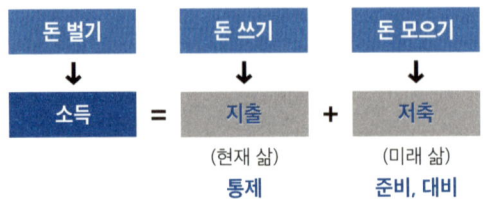

저축saving은 현재 소비를 줄이고, 미래로 소득을 옮기는 일이다. 우리가 저축하는 목적은 다양하다.

- 갑작스러운 위기 대비(비상금)
- 자산 축적(내 집 마련, 결혼자금 등)
- 노후 준비 또는 재정적 자유를 향한 발판

이 책에서는 저축과 투자를 이렇게 구분하려고 한다.

구분	저축	투자
기간	단기(1년 이내)	중, 장기(3년 이상)
목적	안전하게 모으기	불려 나가기
예시	적금, 예금	ETF, 주식 등

이 장에서는 은행 중심의 안전한 저축 방법을 중점적으로 설명한다. 저축은 불필요한 지출을 줄여서 선 저축으로 돈을 미래로 보내는 행위이다. 저축은 기회를 만드는 일이다.

내 돈을 안전하게 맡길 수 있는 곳, 은행

은행은 어떤 일을 할까?

우리는 보통 은행에 저금한다. 그래야 이자를 받는다. 그렇다면, 은행은 어떤 역할을 하는 곳일까? 은행은 무슨 일을 하는 곳이길래 이자를 주는가? 초등학생들에게 은행이 뭐 하는 곳일까? 물어본 적이 있다. "돈 빌려주는 곳이요!! 대출해 주는데요!"라고 대답했다. 이것이 정답이다.

은행법을 살펴보자.

은행법

제2조(정의)

1. 은행업이란 예금을 받거나 유가증권 또는 그 밖의 채무증서를 발행하여 불특정 다수인으로부터 채무를 부담함으로써 **조달한 자금을 대출하는 것을 업(業)으로 하는 것**을 말한다.

즉, 은행은 대출이 주 업이다. 예금과 대출 마진 차이로 돈을 번다. 은행도 돈이 있어야 돈을 빌려 줄 수 있는데, 한국은행에서 돈을 빌려오거나 금융기관끼리 돈을 빌리기도 하고, 보통은 예금을 가지고 대출을 해주게 된다.

예를 들어, 신용대출 이자율: 5%, 예금 이자율: 3%라고 해보자.

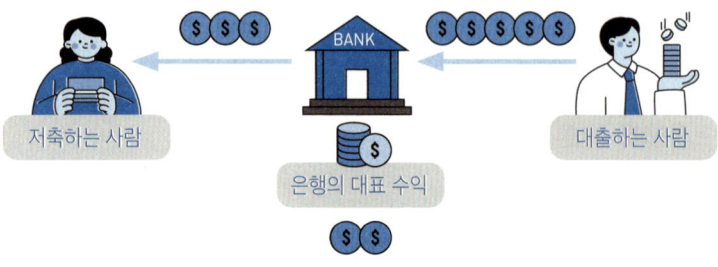

저축하는 사람　　　은행의 대표 수익　　　대출하는 사람

은행은 주로 예금을 활용해 대출을 해주고, 대출자에게 5% 이자를 받으면서 예금자에게 3% 이자를 지급한다. 이 차액 2%가 은행의 수익이다. 은행은 예금과 대출 마진 차이로 돈을 번다.

국내 은행의 수익 구조를 보면, 예금 – 대출금리 차이에 의한 이자수익이 90% 내외를 차지한다.[5] (이항용, 2023) 은행은 대출을 많이 할수록 수익이 늘어나기 때문에, '빚 권하는 사회'가 형성되는 것이다. 이 시스템을 이해하고, 내가 은행을 어떻게 활용할지 전략적으로 생각해야 한다.

지급준비율이란?

은행은 예금이나 적금 등으로 모은 돈을 대출이 필요한 사람들에게 빌려준다. 그런데 예금한 사람들이 모두 한꺼번에 돈을 찾으러 오는 경우는 거의 없다. 일부 사람들만 돈을 인출하러 온다. 이 점을 눈치챈 초기 은행업자들, 특히 영국의 금세공업자들은 전체 예금 중 10%만 남겨놓고 모두 대출해 주기 시작했다. 이것이 바로 지급준비율의 시작이다.

지급준비율은 은행이 고객의 예금 중 일부를 의무적으로 한국은행에 예치해야 하는 비율을 말한다. 이는 예금인출 요청에 대비하기 위한 안전장치이다. 예를 들어, 한국은행의 예금 종류별 지급준비율은 다음과 같다.

- 장기주택마련저축: 0%
- 정기예금, 적금: 2%
- 기타 요구불예금(입출금 통장 등): 7%[6]　　　(2024.2 기준)

즉, 예금 중 이 비율만큼만 중앙은행에 남겨두고, 나머지는 대출로 활용할 수 있다는 뜻이다. 그 결과, 은행은 실제로 보유한 자금보다 훨씬 많은 금액을 대출할 수 있게 되는데, 이를 신용창조라고 한다. 은행이 새로운 '돈'을 만들어내는 것처럼 경제에 돈이 풀리는 효과가 생긴다.

그렇다면 은행이 가장 두려워하는 상황은 뭘까? 바로 모든 고객이 같은 날, 예금을 인출하러 오는 상황, 즉 뱅크런bank run이다. 아무리 튼튼한 은행이라도 준비해 둔 현금이 부족하기 때문에 이 상황을 감당하기 어려워진다.

은행의 종류와 특징

은행은 일반인들에게 예금을 받고, 기업과 가계에 대출을 해주는 간접 금융기관이다. 즉, 돈이 필요한 사람과, 돈을 맡기려는 사람을 연결하는 중계 기관이다. 대표적인 업무는 예금과 대출이며, 이 외에도 지급결제, 환전, 신용카드 업무 등을 담당한다.

금융기관 중 예금과 대출을 해주는 곳은 은행(1금융권)과 비은행 예금취급기관(2금융권)으로 나눌 수 있다. 과거 언론에서 이러한 구분을 1금융권과 2금융권이라고 부르기 시작했고, 지금도 그 표현이 익숙하게 쓰이고 있다.

1금융권: 은행

은행은 시중은행부터, 지역 기반 은행, 특수 목적 은행까지 다양한 형태가 있다.

- **시중은행** : 전국적인 지점망을 갖추고 있는 대형 은행을 시중은행nationwide commercial bank 라고 한다. 대표적 시중은행으로는 국민, 우리, 신한, 하나은행이 있다. 외국계 시중은행으로는 Citi은행[7], SC제일은행이 있다.
- **지방은행** : 특정 지역을 기반으로 하는 은행들은 지방은행으로 분류된다. 예를 들어, 앞에 지역명이 붙은 경남은행, 부산은행, 전북은행, 광주은행, 제주은행이 있다.(iM뱅크는 대구은행에서 2024년 시중은행으로 전환했다.)

- **외국은행** : 국내 지점을 가지고 있는 HSBC와 중국의 중국공상은행, 중국은행, 교통은행도 국내 지점을 가지고 있는 은행이다.
- **특수목적은행** : 일반적인 은행과 달리 특정한 목적을 가지고 설립된 은행들도 있다. 대표적으로 농협은행, 수협은행, 산업은행, 한국수출입은행, 기업은행이 있다.
- **인터넷 전문은행** : 우리가 자주 쓰는 Kbank, Kakaobank, Toss는 은행일까? 기존의 은행처럼 길거리에서 점포도 볼 수 없다. 휴대폰으로만 만날 수 있다. 디지털 시대를 반영하여, 휴대폰에서만 이용하지만, 은행으로 인가받은 1금융권으로 분류되는 진짜 은행이다. 앞으로도 더 많은 인터넷 은행들이 생길 것이다.

1금융권 은행 종류

1금융권: 예금은행(은행법에 의해 설립된 은행. 예금, 대출, 지급결제업무)	
시중은행	국민은행, 우리은행, 신한은행, 하나은행, iM뱅크
외국계 시중은행	Citi은행, SC제일은행
지방은행	경남은행, 부산은행, 전북은행, 광주은행, 제주은행
외국은행	HSBC, 중국공상은행, 중국은행, 교통은행
특수목적은행	농협은행, 수협은행, 산업은행, 한국수출입은행, 기업은행
인터넷 전문은행	Kbank, Kakaobank, Tossbank

그러면 제2금융권인 비은행 예금취급기관은 어디 어디일까? 법적으로 은행은 아니지만 예금 및 대출 업무를 주로 영위하는 소규모 금융기관으로는 저축은행과 상호금융기관인 신협, 농협, 수협, 산림조합, 새마을금고가 있다.[8] 우리가 지역에 동네명, 지역명이 붙은 농

협, 수협, 새마을금고 등을 많이 볼 수 있는데 그곳에서도 우리가 예금과 대출을 할 수 있다.

은행은 왜 이자를 줄까? 금리란 무엇인가?

은행 상품을 살펴보면 '연 4%', '연 5%' 같은 금리를 볼 수 있다. 네이버 백과사전에서는 금리를 다음과 같이 정의한다.

> • **이자** : 빌린 돈(원금) + 돈을 사용한 대가
> • **이자율(금리)** : 이자의 원금 대비 비율

저축하는 곳을 은행이라고 생각하고 이자를 살펴보면 이자의 개념을 이해하기 어렵다. 은행은 조달한 자금을 대출해 주는 곳이라고 개념을 잡아 놓으면 이자가 쉽게 이해된다. 대출은 공짜가 아니고 사용 대가를 지급해야 한다. 이것이 이자이다. 이 이자를 원금에 대한 비율로 표시한 것이 이자율 = 금리이다.

금리는 누가 정할까?

금리는 한국은행이 결정하는 기준금리를 토대로 금융시장에서 형성된다.한국은행 금융통화위원회는 1년에 8번 회의를 열어 물가와 경기 상황을 고려해 기준금리를 조정한다. 우리는 흔히 대출을 개인이나 기업만 이용한다고 생각하지만, 은행들 사이에서도 자금이 부족할 때 단기적으로 서로 돈을 빌리는 거래가 있다. 이 시장이

단기금융시장이며, 여기에서 형성되는 금리가 대표적으로 콜금리다. 단기금융시장에서는 콜금리, CD, CP 등 만기 1년 미만 상품이 거래되며, 장기금융시장에서는 만기 1년 이상인 채권이나 주식 등이 거래된다.

우리가 은행에서 금융상품을 선택할 때 적용되는 예금·적금 금리나 대출 금리는 기준금리와 금융시장의 금리 수준을 바탕으로 결정된다. 예금·적금 금리는 기본금리에 우대금리가 더해지고, 대출 금리는 기본금리에 가산금리가 더해지는 방식이다.

통장마다 금리가 다르다

기본 예, 적금의 이해 : 보통예금, 적금, 예금

요즘은 은행에 가지 않아도, 휴대폰 하나면 통장을 만들 수 있다. 우리가 흔히 말하는 '통장'은 계좌account에 거래 내용을 기록해 주는 장부 역할을 하는 것이다. 과거에는 직접 은행에 가서 종이 통장을 받았지만, 지금은 비대면온라인으로 계좌를 개설하는 것이 일반적이다.

은행에서 가입하는 예금 상품을 크게 분류하면 보통예금, 적금, 정기예금으로 나눌 수 있다. 입출금이 자유로운 입출금 통장인 보통예금, 매달 같은 금액 혹은 돈이 생길 때마다 저금하는 적금, 목돈을 한꺼번에 맡기는 정기예금이 대표적이다.

종류	특징
보통예금 (입출금 자유)	• 자유롭게 입금하고 출금할 수 있는 통장 • 카드 결제계좌, 휴대폰, 월세, 구독료 등 자동이체 통장으로 활용 • 용돈통장, 생활비 통장 등으로 활용
적금 (목돈 만들기용)	• 조금씩 모아서 목돈을 만드는 저축 통장 • 자유적금: 돈이 생길 때마다 자유롭게 저축 ⓔ 명절, 생일날 받는 돈 • 정기적금: 매달 정해진 날짜에 내가 정한 금액을 저축
정기예금 (목돈 굴리기용)	• 이미 모은 목돈을 은행에 맡겨 이자를 받고 유동성을 키우는 통장

　　보통예금은 고객 입장에서는 언제든 출금 가능하기 때문에 편리한 통장이지만, 은행 입장에서는 고객들이 언제 돈을 뺄지 모르기 때문에 이 통장에 들어있는 돈은 대출 등 장기적인 운용이 어렵다. 따라서 보통예금 통장 금리는 보통 0.1%로 매우 낮다. 편리하니까 쓰는 통장이지 이자를 기대하긴 어렵다. 통장 이름이 다양해졌는데 금리가 0.1% 통장은 보통예금(입출금 자유 상품)이라고 보면 된다.

　　적금통장은 가입 기간으로 보통 1년을 많이 선택하나, 6개월, 1년, 2년, 3년으로 선택하는 경우도 있다. 3년 이상 모아두는 것은 뒷장에 설명할 ETF 상품에 가입하는 것이 낫다.

　　그리고, 중간에 해지하면 원하는 이자를 받지 못한다. 쉽게 생각하면 은행 입장에서는 적금을 활용하여 대출을 해줬는데 중간에 찾는다고 하면, 우리 그 돈으로 장사하고 있었는데, 갑자기 달라고 하면 어쩌니? 그러면 원하는 이자 못 줘! 이렇게 생각하면 이해가 된다. 통상 적금은 최대 1년 정도로 가입하고, 목돈을 찾는 기쁨을 만 끽하길 권한다.

적금으로 1년 동안 돈을 모았다면, 목적에 맞게 돈을 활용할 수도 있고, 일부는 계속 돈을 불려 가는 용도일 수도 있다. 이렇게 목돈을 또 한 번 왕창 정해진 기간만큼 은행에 저금한다면 이런 금융상품을 정기예금이라고 한다. 투자 환경이 좋다면, 정기예금보다는 ETF 등 투자 상품이 더 유리할 수 있다. 그러나 경제 상황이 불안정할 때는 은행 예금에 돈이 몰린다.

예, 적금금리 비교 사이트

예, 적금금리를 쉽게 비교하는 방법은 금융감독원 '파인' 사이트 를 이용하는 것이다. 파인은 2016년 9월 금융감독원에서 금융 생활 에 필요한 정보를 한데 모아 효과적으로 정보를 찾을 수 있게 만든 사이트다. 예금, 대출 등 다양한 금리를 한 번에 비교해 주니 정보 검 색 시간을 확 줄여주어 도움이 된다.

> • **검색 방법** : 포털에서 '파인' 검색 → '예, 적금금리 비교' 메뉴 이용
> • **주의할 점** : 최고 금리만 보지 말고 기본금리를 확인하고 우대금리를 살 펴볼 것(우대금리가 지나치게 높은 상품은 조건이 까다로울 가능성이 크니 꼼꼼히 살펴보자.)

우리는 기본금리를 먼저 보고, 우대금리 챙길 수 있는 정도에서 선택하면 된다.

적금금리 4%와 예금금리 4%는 같은가?

두 가지 상황을 가정해 보자.

적금금리와 예금금리를 각각 연 4%로 가정하면 1년 뒤 받는 이자는 같을까?

- **적금** : 1년 동안 매달 100만 원씩 총 1,200만 원을 저축
- **예금** : 1,200만 원을 한 번에 1년 정기예금으로 예치

(총 납입 금액은 예, 적금 모두 1,200만 원으로 동일)

같은 금리라면 이자도 같을 거라 생각하지만, 계산 방식이 다르다.

적금 이자 → 26만 원(세전, 1년 기준),

예금 이자 → 48만 원(세전, 1년 기준)이다.[9]

정기예금은 1,200만 원 전액을 처음부터 1년 동안 예치하므로, 연 4% 금리를 그대로 적용받는다. 반면, 적금은 매달 100만 원씩 나눠서 넣기 때문에 은행 예치 기간이 매번 다르다. 후반부로 갈수록 은행에 예치하는 기간이 짧아지기 때문에, 그 기간을 계산해서 이자를 준다. 결과적으로 정기적금의 총이자는 예금의 약 절반 수준이 된다.

	1년 정기적금	1년 정기예금
1회차	100만 원 × 4% × 12/12	
2회차	100만 원 × 4% × 11/12	
3회차	100만 원 × 4% × 10/12	
4회차	100만 원 × 4% × 9/12	
5회차	100만 원 × 4% × 8/12	
6회차	100만 원 × 4% × 7/12	12,000,0000만 원
7회차	100만 원 × 4% × 6/12	
8회차	100만 원 × 4% × 5/12	
9회차	100만 원 × 4% × 4/12	
10회차	100만 원 × 4% × 3/12	
11회차	100만 원 × 4% × 2/12	
12회차	100만 원 × 4% × 1/12	

* 참고: 적금이자계산방식 = 원금 × 연이율 × 1/12(1년기준)

공식처럼 외워두자. 적금은 평균적으로 예금의 절반 정도의 이자를 받는다.

이자 더 많이 주는 통장 만들기

입, 출금 통장(보통예금) 이지만 금리가 높은 통장

시중은행 보통예금 금리는 보통 0.1% 내외로 거의 없다. 하지만 인터넷 은행에서는 연 1%~2%대 금리를 주는 보통예금 상품이 있다. 모두 예금자 보호가 되며, 당행, 타행 입금 수수료도 모두 면제이다. 인터넷 은행 주력 보통예금 통장은 이자도 하루에 한 번씩 받을 수 있다.

인터넷 전문은행	보통예금 통장이름	금리
K Bank	① 생활통장	연 0.1%
	② 사장님통장	연 0.1%
	③ 모임통장	연 2%(300만 원 이하) / 300만 원 초과 0.1%
	④ 플러스박스	연 1.7%(5,000만 원 초과분 연 2.2%) (한도 제한 없음)
kakao bank	① 입출금통장	연 0.1%
	② 모임통장	연 0.1%
	③ 세이프박스	연 1.6%(한도 최대 1억)
	④ 기록통장	연 1.6%(기록 섹션당 1,000만 원/ 10개 가능)
	⑤ 저금통	연 4.0%(한도 10만 원)
toss bank	① 토스뱅크통장	연 1.0%(한도 제한 없음)
	② 나눠모으기통장	연 1.6%(한도 제한 없음)
	③ 모임통장	연 0.1%
	④ 서브통장	연 0.1%
	⑤ 게임저금통	연 0.1%

(2025.10.6. 기준/ 세전기준)

K-bank에서 이자를 높게 주는 보통예금 통장은 '모임통장', '플러

스 박스', kakao bank는 '세이프박스', '기록통장', '한도는 낮지만 저금통'이 있다. toss bank는 '토스뱅크 통장', '나눠모으기통장'이 있다. 내가 자주 쓰는 인터넷은행에서 금리가 조금 더 높은 보통예금 통장을 특별지출용 모으기 통장으로 활용하면 좋다.

그 외 시중은행에서도 보통예금 통장이지만 금리가 높아진 예를 들면 신한은행 hey young 머니박스 2%(18~29세 개인, 가입 금액 한도 200만 원), 국민은행 kb마이핏(18~38세 개인, 가입금액 한도 200만 원) 등도 생기고 있다. 저축은행 파킹통장도 있으나 한도가 낮은 경우가 많아 확인하고 가입하자.

특별 지출을 위해 모아두는 용도로 사용하기 좋은 계좌는? CMA

CMACash Management Account란? 고객의 돈을 단기 금융상품에 투자하여 수익을 얻는 증권사 계좌를 말한다. 쉽게 표현하면 은행에서 보통예금 통장 같은 것이 증권사에서는 CMA라고 생각하면 편하다. 검색창에 CMA를 검색하면 주로 증권사의 RP형이 검색이 되고 2%대 수익률로 표시된다.

RP형환매조건부 채권은 국채, 지방채 등 우량 채권을 담보로 1일에서 1년 이내 짧은 기간 자금을 빌려주고 이자를 받아 생긴 수익 일부를 이자로 지급하는 것이다. 일정 기간 후 일정 금액으로 환매할 것을 조건으로 매수하는 것으로 국채, 지방채 등 안정성이 높은 채권에 투자하는 상품이다. 담보로 채권을 잡고 있어서 발행 증권사가 부도가 나더라도 자금을 회수할 수 있는 안전한 편의 투자이지만, 원금 보장은 아니다. 또한 CMA 계좌에 입금한다고 별도의 수수료는 없다.

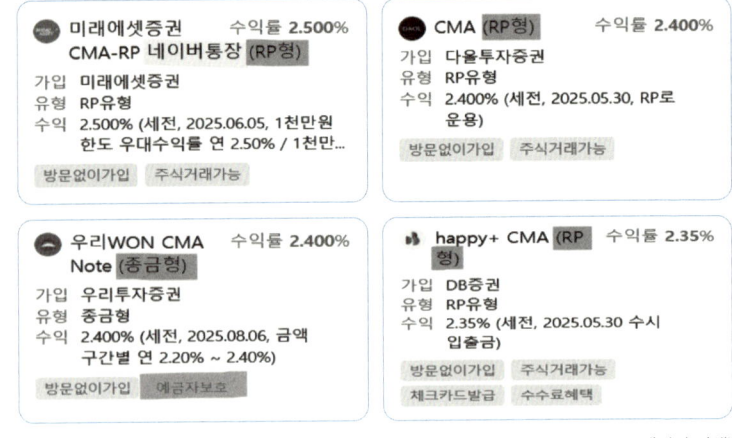

(2025.10. 네이버 검색)

- **특징**: 보통 예금처럼 수시 입출금 가능하지만, 금리가 높음
- **이자 발생 방식**: 고객 돈을 증권사가 다양한 단기 투자 상품으로 운용해 수익 창출
- **주의할 점**: 예금자 보호가 되지 않아 은행 보통예금과 다름

　CMA는 기본적으로 예금자 보호 대상이 아니지만, 예외도 있다. 바로 '종금형 CMA'다. 종금형 CMA는 우리투자증권에서만 가입할 수 있으며, 은행처럼 예금자 보호가 적용된다.

이런 광고를 봤을 것이다. 네이버 페이를 많이 쓰다 보면 네이버 통장을 접할 수 있다. 하지만 네이버는 은행이 아니다.

- 네이버는 미래에셋증권과 제휴한 CMA 통장이다.
- 즉, 네이버 통장은 CMA 통장이며, 은행 보통예금 통장이 아니다.
- CMA-RP는 비교적 안전한 국공채 등에 단기 투자하여, 보통예금 금리보다 높고,
- 수시 입출금 가능하지만, 원칙적으로 예금자보호법에 따라 보호되지 않는다는 점은 인지해야 한다.

예금자 보호제도

예금자 보호제도는 금융회사가 영업정지나 파산 등으로 예금 등을 지급할 수 없는 경우, 예금보험공사가 예금 보호의 적용을 받는 금융회사를 대신하여 예금 등을 지급하는 제도이다. 1인당 1개 금융기관 기준으로 원금과 이자를 합해 최대 1억 원[10]까지 보호된다. 예

를 들어, 1억 2천만 원을 예금으로 넣어두려고 한다면, 한 은행당 원금, 이자 합쳐 1억 한도로 예금자 보호가 되니, 이런 경우에는 두 개의 금융기관에 나눠 놓으면 각각 전부 보호가 된다.

> • **예금자 보호:** 한 은행에 계좌 여러 개라면 계좌 합산하여 원금과 이자 합쳐서 금융기관별 최고 1억 원까지 보호

예금보험공사에 의해 예금 보호가 되는 금융기관은 은행, 저축은행 등이지만, 2금융권인 농·수·신협, 산림조합, 새마을금고는 개별법에 따라 보호된다. 그리고 우체국 예금은 한도 상관없이 국가가 전액 보장한다.

금융기관별 예금자보호 주체와 보호되는 금융상품

금융기관 종류	보호 주체	보호되는 금융상품	한도 상향
은행	예금보험공사	예금 등 원금 지급이 보장되는 금융상품	1억
저축은행	예금보험공사		1억
보험사, 투자매매, 투자중개업자, 종합금융회사	예금보험공사		1억
농협, 수협, 신협, 산림조합, 새마을금고	개별법		1억
우체국 예금	국가 전액 보장		전액

그러나 모든 금융상품이 예금자보호제도에 의해 보호되는 것은 아니다. 예금자 보호가 되는 금융상품은 예금보험 가입 금융기관이

취급하는 예금, 보험계약, 예탁금 등의 원금 및 이자이다. 즉, 운용 실적에 따라 지급액이 변동되는 금융상품, 실적배당 신탁, 수익증권 등 투자 상품은 예금이 아니므로 예금자 보호대상 금융상품이 아니다. 은행에서 가입한 금융상품이라고 다 예금자 보호가 되는 것은 아니므로 확인하고 가입하자. 애매한 금융상품은 꼭 확인하고 가입하자!!

예금자보호법이 적용되는 금융기관과 금융상품

구분	보호 금융상품	비보호 금융상품
은행	보통예금, 기업자유예금, 정기예금, 정기적금,	주택청약종합저축[11], CD, RP, 금융투자상품, 실적배당형 신탁, 은행 발행채권 등
투자매매업자 투자중개업자	증권 매수 등에 사용되지 않고 계좌에 현금으로 남아있는 금액	금융투자상품, 선물, 옵션거래 예수금, RP, 증권사 발행채권, CMA, ELS ELW, 랩어카운트, 금현물거래 예탁금 등
보험	개인이 가입한 보험계약 퇴직보험 변액보험계약 최저보증 &특약	법인인 보험계약 보증보험, 재보험 계약 변액보험 주계약 등
종금	발행어음, 표지어음, CMA	금융투자상품, RP, CD, CP, 종금사 발행 채권 등
저축 은행	보통예금, 저축예금, 정기예금 정기적금, 신용부금, 표지어음 저축은행중앙회발행 자기압수표 등	저축은행 발행채권 등

- 퇴직연금, 연금저축, ISA는 예금 등 보호 상품으로 운용되는 경우에만 보호됨[12]

인터넷 은행 적금 상품

가끔 특판이나 이벤트로 금리가 조금 높은 적금 상품도 있다. 그러나 한도가 정해져 있는 경우가 많아서, 한도가 너무 낮은 건 아닌지 확인해보자. 금리는 기본금리 먼저 살펴보고, 우대금리 중 챙길 수 있는 것들 체크해서 가입하는 것이 좋겠다.

우리가 많이 가입하는, 인터넷은행의 26주 적금은 금리가 최고 5%다. 그러나 한주라도 빠지면 기본 금리이다. 26주 연속 성공해야 최고 금리를 받는다. 한주라도 못 넣으면 기본 금리로 땡이니 매주 잘 챙기자.

6개월 동안
매주 저금 성공하면
최고 연 3.8% (세전)
기본 연 1.8%

귀여운데 강력하다
토스뱅크 키워봐요적금
최고 연 3.8% 기본 연 1.8%

카카오뱅크 26주적금
최고 연 5.00% 26주 모두 성공시   기본 연 2.00% 기간만 예치

(2025. 10. 기준)

세금 우대 예, 적금 상품

모든 소득에는 기본적으로 세금이 있다. 직장에서 월급을 받을 때도 세금을 내고, 금융상품에서 이자나 배당받을 때도 세금을 낸다. 예, 적금 상품에 가입하고 받는 이자에는 15.4%(소득세 14%+지방소득세 1.4%) 세금을 뗀다. 저축 단위가 커지면, 세금을 덜 내는 금융상품을 찾아보게 된다.

예, 적금 중에서도 농협, 수협, 신협, 산림조합, 새마을금고 같은 상호금융기관에서 제공하는 상품 중엔 세금을 낮춰주는 예, 적금 상

품이 있다.

상호 금융기관은 지역 또는 직장 단위로 설립된 조합 형태의 금융기관으로 조합 구성원 간의 상호 부조를 목적으로 설립된 기관이다. 성격이 비영리이며 상부상조를 생각하면 좋겠다. 그래서 조합원으로 가입해서 조합 구성원이 되어야 세금 우대 혜택이 있다. 요새는 준조합원 비용을 이벤트성으로 지원해 주기도 하고, 동네 상호금융기관별로 배당금도 준다.

세금우대 저축통장 가입방법

① 출자금 통장을 개설[13](주민등록상 주소지 근처 상호금융기관 방문!- 비대면 불가)

② 조합예탁금(거치식, 적립식) 상품에 가입(온라인으로 가능)

저율과세

2026년 12월 31일까지: 5.9% / 2027년 1월 1일부터: 9.5%

(관련 법률: 조세특례제한법 제89조 3(조합 등 예탁금에 대한 저율과세 등))

상호금융기관 이용 시 장점

- 세금우대 혜택: 준조합원 가입 시 저율과세 적용 가능(전 상호금융기관 합산 3,000만 원 한도 안에서 세금 우대)

- 조합 배당금 지급: 조합원의 경우 1년에 한 번 배당금을 받을 수도 있음

– 이벤트성 혜택: 준조합원 가입 비용을 지원하는 경우도 있음

비과세 종합저축

비과세 종합저축은 이자에 대한 세금을 아예 내지 않는 금융상품을 말한다. 상품 가입 대상자는 만 65세 이상 거주자와 장애인, 독립유공자와 그 유족 또는 가족, 상이자, 기초생활보장 제도에 따른 수급권자, 고엽제 후유증환자 및 518 민주화운동 부상자이다.

연 2,000만 원 넘는 이자, 종합소득세 대상입니다

이자소득세

- 예금이나 적금에서 발생한 이자 소득에 부과되는 세금
- 소득세 14%+ 지방소득세(소득세의 10%) 1.4%= 총 15.4% 적용
- 예, 적금 만기 시, 이자에서 원천징수[14]된 후 지급

종합소득세 신고

- 연간 이자, 배당소득이 2,000만 원(세전)을 초과하면, 근로, 사업, 연금, 배당, 기타 소득과 합산하여 다음 해 5/1~5/31까지 종합소득세 신고를 해야 한다.
- 종합소득세는 소득 구간별로 6.6%~49.5%의 세율이 적용되

며, 소득이 많을수록 세금도 증가하는 구조다.

- 즉, 이자소득이 2,000만 원 이하라면 15.4%의 이자소득세만 내면 되지만, 이를 초과하면 다른 소득과 합산하여 종합과세 한다.

	이자소득 2,000만 원 미만(세전)	이자소득 2,000만 원 이상(세전)
세금	이자소득세 15.4% 원천징수 납세의무 종결	2,000만원까지 원천징수 초과분 다른 소득과 합산하여 종합과세

청년이라면 꼭 알아야 할 고금리 정책 적금

여야를 막론하고 정부는 청년에 관심이 많다. 그래서 정책적인 청년 금융상품이 많이 나왔다. 그렇다면 청년의 기준은? 법마다 청년의 기준은 조금씩 다르나 정책적 금융상품에서 가입 대상이 되는 청년은 나이와 소득을 기준으로 한다. **나이는 통상 만 19세에서 34세 이하**(금융상품에 따라 병역 이행 기간을 추가하기도 함)이다. 소득이 너무 많으면 정부 정책 금융상품 가입 대상이 제한된다. 또한 매칭 지원금이 있는 경우는 우리 집 가구 소득까지 본다. 다음의 상품은 좋은 정부 정책적 적금 상품이니 대상자가 되면 가입하면 좋다.

청년내일저축계좌

이 계좌는 복지사업의 일환이다. 재정적인 지원과 복지서비스의 결합을 통해 근로빈곤층의 자립과 자활의 꿈을 지원하는 사업이다 (국민기초생활보장법 18조 8). 대상자가 많지는 않지만 소개한다.

가입 대상(①②③ 모두 충족되어야 함)

구분		가입 대상 조건
① 나이		- 차상위 이하: 신청 당시 기준 만 15세~39세 이하 - 차상위 초과 : 신청 당시 기준 만 19세~34세 이하
소득	② 개인소득	현재 근로활동 중이며, - 차상위 이하: 월 10만 원 이상 근로, 사업 소득 발생 - 차상위 초과: 월 50만 원 초과~월 250만 원 이하 근로, 사업 소득 발생
	③ 가구소득	소득인정액 기준 중위소득 100% 이하.

상품 특징

매달 10만 원씩 3년 저금하면 원금이 360만 원이지만, 차상위 이하인 경우는 총 1,440만 원과 연 5% 이자를 받을 수 있고, 차상위 초과인 경우는 720만 원과 5% 이자를 받게 되는 통장이다. 3년간 근로활동을 지속해야 한다. 그러나 임신, 출산으로 인한 퇴직이나 육아휴직, 군 입대의 경우 2년간 적립 중지를 인정해 준다. 2022년부터 2025년 5월 현재 12만 명이 가입하였다.

가입 기간	3년
납입 금액	10만 원 이상
금리	최대 5%
혜택	차상위 이하: 매달 근로소득 장려금 30만 원 매칭 차상위 초과: 매달 근로소득 장려금 10만 원 매칭
만기 시	매달 10만 원 x 3년 = 360만 원 원금 + 정부 지원(차상위 이하 총 1,080만 원/차상위 초과 총 360만 원) + 이자 + 추가지원(탈수급 장려금, 내일키움장려금, 내일키움수익금 등 추가 지원도 있으니 확인 필요)

신청 방법

신청은 아무 때나 되는 것은 아니고 신청 날짜가 정해져 있다. 신청은 동일 시,군,구 내 모든 행정복지센터나 복지로www.bokjiro.go.kr에서 신청 기간에 하면 된다. 더 자세한 내용은 자산형성포털https://hope.welfareinfo.or.kr 사이트를 참고하길 바란다. 만기 후 해지도 온라인(복지로)에서 신청할 수 있다. 해지 전에 자립역량 교육 10시간 이수도 있으니 홈페이지 보고 잘 챙겨야 한다.

청년미래적금(2026년 6월 출시)[15]

이 상품은 청년의 초기 목돈 마련을 돕기 위한 정부 지원 적금이다. 2023년 6월 출시된 '청년도약계좌'와 유사하지만, 일부 내용이 변경되어 새롭게 등장한 상품이다. 참고로 청년도약계좌는 2025년 12월 31일에 신규 가입이 종료되며, 기존 가입자는 만기까지 계속 납입 가능하다. 정권이 바뀔 때마다 청년 적금의 이름과 세부 조건이 달라져 혼란이 생기기도 한다. 2025년 9월 기준, 청년도약계좌 가입자는 237만 5천 명 정도 가입하였다.

　정부 지원형 청년 적금의 핵심은 비과세 혜택과 정부 기여금 지원이다. 가입 대상에 해당 된다면, 새롭게 출시되는 '청년미래적금' 도 고려해보길 바란다.

가입 대상(①②③ 모두 충족되어야 함)

　청년미래적금은 만 19세부터 34세 이하의 청년이 가입할 수 있는 정부 지원 적금이다. 가입을 위해서는 소득이 있어야 하며, 다음의 세 가지 조건을 모두 충족해야 한다. 개인소득 요건은 연 소득 6,000만 원 이하 또는 소상공인 기준 연 매출 3억 원 이하 사업자여야 한다. 가족의 소득도 보는데, 가구 중위소득 200% 이하여야 한다. 연령, 개인소득, 가구소득 세 가지 기준을 모두 만족해야 청년미래적금 가입이 가능하다.

구분		가입 대상 조건
① 나이		신규 가입일 기준 만 19세~34세 이하(병역 이행 기간 추가)
소득	② 개인소득	연소득 6,000만 원 이하 or 소상공인 기준 연 매출 3억 원 이하 사업자
	③ 가구소득	가구 중위소득 200%[16] 이하

(청년도약계좌는 월 최대 70만 원, 5년간 납입. 개인소득 7,500만 원 이하. 중위소득 250% 이하로 가입범위가 넓었음.)

상품 특징

현재까지 알려진 상품 특징은 일단 이자에 대해 비과세 혜택이 있고, 기본 금리는 아직 정해지지 않았다.(청년도약계좌는 4.5%정도였음) 은행별 우대금리도 있으니 추후 은행연합회에서 청년미래적금 은행별 상품 금리를 비교해 보면 좋겠다. 정부기여금은 기본이 원금의 6%를 추가 지원해 주고, 중소기업에 새로 입사해 3년간 근속하는 청년의 경우 12%를 추가 기여금으로 지원해 준다.

가입 기간	36개월			
납입 금액	최대 50만 원			
금리	미정			
혜택 (변경가능)	- 비과세 혜택: 납입액과 정부 기여금에 대한 이자소득세 0원 - 정부 지원율: 6~12% - 지원금: 　일반형: 모든 가입 청년(6% 매칭) 　우대형: 중소기업에 새로 입사해 3년간 근속하는 청년(12% 매칭)			
만기 시	매월 50만 원 납입 시	정부 기여금	만기 수령금(만원) (원금+정부기여금+이자5%복리 시)	총 수령액
	일반형	월 30,000원	1,800 + 108 + 172	2,080만 원
	우대형	월 60,000원	1,800 + 216 + 172	2,188만 원

신청 방법

정부정책적금은 일반적인 은행 예·적금과 달리, 신청 기간이 정해져 있다. 가입을 원한다면, 협약을 맺은 은행의 모바일 앱을 통해 먼저 청년미래적금 가입 신청을 한다. 신청 후에는 나이, 개인소득,

가구소득 요건을 확인하기 위한 심사 절차가 진행된다. 심사 결과, 가입 가능 여부가 통보되면 해당 은행 앱에서 최종 계좌 개설을 완료할 수 있다. 1인 1계좌만 가입 가능하다는 점도 기억해 두자.

장병내일준비적금

이 적금 상품은 병역의무 이행하는 현행 군 복무 병사를 대상으로 한 적금으로 병역 이행 기간 중 급여를 적립함으로써 합리적인 저축 습관 형성을 돕고, 전역 후 목돈 마련을 도와 자산 형성을 지원하는 적금이다. 2026년 3월부터는 초급간부도 장병내일준비적금 가입이 가능해졌다.[17]

신청 방법

가입 대상은 병역의무를 이행하는 자로 한정한다. 입영 후 협약은행에서 부대 방문하여 가입을 지원하기도 하고, 나라사랑포털앱 접속해서 비대면 가입도 가능하다.

상품 특징

납입 금액은 1인당 2개의 계좌를 만들 수 있고, 개인별로는 최대 월 55만 원을 저금할 수 있다. 그런데 한 은행당 최대 30만 원이니, 두 군데 은행에 30만 원과 25만 원을 납입하면 된다. 중간에 바꿀 수 없으니 별일 없으면 55만 원을 꽉 채우면 된다. 왜냐하면 금리는 5%에 비과세도 괜찮지만, 매칭 지원금이 내 원금의 100%다. 즉 매달

55만 원 저금하면 110만 원 저금한 효과가 있으니 최대치를 납입하자. 단, 중간에 해지하면, 이자소득 비과세, 정부지원금 지원받지 못한다. 중도 해지하지 말자! 금리는 청년도약계좌와 마찬가지로 은행연합회 사이트에 자세히 나와 있다.

가입 기간	복무기간 중에만(전역 최소 한 달 남아 있으면 가입 가능)
납입 금액	최대 월 55만 원 (1인 2계좌. 각 계좌별 최대 월 30만 원, 개인별 최대 월 55만 원) (참고: 초급간부 장기복무자 대상 - 월 납입금 최대 30만 원, 3년 만기 100% 지원)
금리	5% 수준(비과세)
혜택	적금 납입 원금의 100%에 해당하는 매칭지원금 (매달 55만 원 저금하면, 110만 원 저금한 효과)
만기 시	매달 55만 원 x 18개월 = 990만 원 + 매칭지원금 990만 원 + 이자 약 39만 원(5%) ➡ 총 2,019만 원(육군 기준)

전역 후 장병내일 준비적금의 원금과 이자는 전역 후 은행에 필요 서류 지참해서 찾고, 매칭 지원금은 추후 장병내일준비적금 가입 은행의 보통예금 통장으로 따로 들어온다.

꿀팁! 전역 날짜가 10일 전이면 전역 달에는 내가 직접 장병내일 준비적금 계좌에 이체를 하자. 전역 날짜가 10일 이후면 군 월급에서 자동이체 되니 신경 쓰지 않아도 된다.

핵심 콕!

소비, 저축 통장 세팅

❶ 소득, 소비 통장으로 ➡ 보통예금 통장 1-2개

❷ 특별지출통장(비상금 통장)으로 ➡ 인터넷은행 보통예금 통장
  이나 CMA통장 등 1~2개를 활용하면 효과적이다.

❸ 적금은 가입 대상이 되면 정부 정책적 청년 적금 먼저 들자.

  - 취약계층 청년이 일을 하면 가입 가능한 청년 내일저축계좌

  - 일을 하면 가입 가능한 청년미래적금

  - 군대 가면 꼭 들어야 하는 장병내일준비적금

❹ 목적별 적금은 금리 높은 순으로 가입하자.

  - 기본금리+ 우대금리 정도에서 찾자.

  - 세금 우대되는 단위 농협, 수협, 축협, 새마을금고 등도 고려
    하자.(상호금융기관 합산 3,000만 원 까지 세금 우대)

  - 적금금리 비교는 금융감독원 '파인' 참고

PART 3

모아둔
돈,
이제는
키우자

20대에 가장 중요한 투자는 금융상품이 아니라
'나 자신'에 대한 투자다. 아무리 좋은 금융상품을 선택해도,
소득이 낮다면 자산을 크게 불리는 데 한계가 있다.
결국 내 능력을 높여 소득을 높이는 것이 가장 강력한 투자이며,
지속적으로 업그레이드해야 한다.

Chapter 4

투자, 작게 시작해도 괜찮아
시간과 꾸준함, 그게 바로 20대의 투자 전략

단기 자금, 예를 들어 6개월~1년 안에 쓸 돈은 은행 예금이나 적금에 넣는 것이 안전하다. 하지만 3년 이상의 목표를 가진 돈이라면 투자상품도 고려해 볼 수 있다.

원금손실 가능성이 없는 것이 비투자 상품이 예, 적금이고, 원금손실 가능성이 있는 것을 투자라 한다. 시간을 짧게 가지고 가면 리스크 방어가 어렵다. 3년 이상의 시간이 목표인 것은 리스크가 있지만 위험이 어느 정도 방어되므로 은행 금리 이상의 수익을 올릴 수 있다.

복리의 힘, 시간으로 이기는 투자

진짜 투자는 나에 대한 투자!

20대가 어디에 투자해야 하냐고 물으면? 진짜 진짜 중요한 첫 번째 투자는 '나 자신'에 대한 투자이다. 투자는 주식과 부동산만을 의미하지 않는다.

대학을 졸업하고 사회생활을 해보니, 지속적으로 자신을 성장시키는 것이 무엇보다 중요했다. 나를 위한 투자성 지출, 예를 들어 책 사고, 자격증 따고, 학원 다니고 배움에 투자하는 것은 결국 몇 배의 가치로 돌아온다. 단, 투자 비용에 대해 아까움을 느끼지만 투자하고, 내가 직접 원해서 시작한 때부터인 것 같다. 아무리 좋은 금융상품을 선택해도, 소득이 낮다면 자산을 크게 불리는 데 한계가 있다. 결국 내 능력을 높여 소득을 높이는 것이 가장 강력한 투자이며, 이를 위해 자기 계발에 지속적으로 투자해야 한다.

고등학교까지는 대입이라는 공부 목표가 있지만, 대학 이후에는 시간이 전부 내 선택이다. 방학, 스케줄, 학점 관리, 독서 등 모두 스스로 선택한다. 시간을 어떻게 쓰느냐에 따라 인생의 방향이 달라진다.

방송에서 인상적인 영상을 보았다. MBC 〈라디오 스타〉에 출연한 박진영 씨는 비행기를 타면 반드시 일등석을 타야 한다고 한다. 이 말을 듣고 어떤 생각이 드나? 돈 많아서 좋겠다? 나도 타고 싶다구!!

그런데 박진영 씨가 1등석을 타는 이유는 기계를 다 펴놓고 곡을 써야 하기 때문이란다. 그 안에서 2곡 이상은 쓴다. 그래야 1등석 탄 것이 미안하지 않다고⋯ 거기서 본인이 작곡한 곡 대부분을 썼다고 한다. 댓글을 보니 1등석 타도 할 게 없는데 먹든지, 자든지, 보든지, 먹기만 한 나 반성합니다. 비행기는 쉬는 장소인데 거기서도 노력형 이구나라며⋯ 잠만 자고, 오랜만에 플렉스 한다고 생각하는 것과는 차원이 다르다.

같은 비행기를 타도 누군가는 잠을 자고, 누군가는 인생을 바꾸는 작업을 한다. 시간을 소비가 아닌 생산에 쓰는 자세, 그게 진짜 투자의 기본이다.

시간의 마법, 복리의 기적

투자에서 가장 강력한 무기는 '시간'이다. 시간을 길게 가지고 가려면 꾸준함이 필요하다. 단기간에 큰돈을 벌려고 하기보다 장기적인 관점에서 성실히 자산을 쌓아야 한다. 나 역시 20대 때는 막연한 고민이 많았다. 머리는 별로 안좋은데, 노력파라, 성실하게 하루하루를 쌓아가다 보니 또 상상한 미래를 만나기도 했다. 실제로 꾸준히 노력한 사람들은 경제적으로 안정된 삶을 살고 있었다. 요즘은 SNS 등으로 인해 집중력을 방해받기 쉽다. 더 빨리 돈을 버는 방법에 혹한다. 진짜 돈은 속도가 아니라 지속이다. 꾸준함이 결국 부를 만든다.

30살에 매달 100만 원씩 20년을 꾸준히 불리는 것과 40살에 매달 200만 원씩 10년을 꾸준히 불리는 것 (둘 다, 연 10% 복리) 라고 가정해 보자. 그러면 원금은 2억 4천만 원으로 동일하다. 50살에 모은 돈의 차이는 어떨까?

매달 100만 원 씩 20년 투자 시			
	저축	10%복리	종합
1년	12,000,000	1,200,000	13,200,000
2년	12,000,000	2,520,000	27,720,000
3년	12,000,000	3,972,000	43,692,000
4년	12,000,000	5,569,200	61,261,200
5년	12,000,000	7,326,120	80,587,320
6년	12,000,000	9,258,732	101,846,052
7년	12,000,000	11,384,605	125,230,657
8년	12,000,000	13,723,066	150,953,723
9년	12,000,000	16,295,372	179,249,095
10년	12,000,000	19,124,910	210,374,005
11년	12,000,000	22,237,400	244,611,405
12년	12,000,000	25,661,141	282,272,546
13년	12,000,000	29,427,255	323,699,800
14년	12,000,000	33,569,980	369,269,780
15년	12,000,000	38,126,978	419,396,758
16년	12,000,000	43,139,676	474,536,434
17년	12,000,000	48,653,643	535,190,078
18년	12,000,000	54,719,008	601,909,085
19년	12,000,000	61,390,909	675,299,994
20년	12,000,000	68,729,999	756,029,993
합	240,000,000	516,029,993	

매달 200만 원 씩 10년 투자 시			
	저축	10%복리	종합
1년	24,000,000	2,400,000	26,400,000
2년	24,000,000	5,040,000	55,440,000
3년	24,000,000	7,944,000	87,384,000
4년	24,000,000	11,138,400	122,522,400
5년	24,000,000	14,652,240	161,174,640
6년	24,000,000	18,517,464	203,692,104
7년	24,000,000	22,769,210	250,461,314
8년	24,000,000	27,446,131	301,907,446
9년	24,000,000	32,590,745	358,498,190
10년	24,000,000	38,249,819	420,748,009
합	240,000,000	180,748,009	

100만 원씩 20년 투자한 경우는 이자의 이자가 붙은 복리 금액은 5억 1,600만 원 정도이다. 반면 200만 원씩 10년 투자하면 복리 금액은 1억 8,000만 원 정도이다. 즉, 더 오랫동안 투자하였을 때, 복리의 효과를 더 많이 볼 수 있다.

몇 가지 중요한 점을 정리해보자.

① 돈을 모으는 습관이 먼저다.

맨 처음엔 투자보다 저축 훈련이 더 중요하다. 지출을 점검하고 소비를 줄이면 투자 여력도 생긴다. 자산 형성의 출발점은 '소비의 절제'와 '저축의 습관화'이다.

② 일찍 모으기 시작한다.

첫 3년의 복리 효과는 약 770만 원이지만, 마지막 3년의 복리 효과는 1억 8,500만 원 정도이다. 복리 효과는 초반보다 후반에 폭발적으로 커진다. 하루라도 빨리 시작하는 것이 장기적으로 수억 원의 차이를 만든다. 복리의 힘은 빨리 시작할수록 강력해진다.

③ 꾸준하게 저축하면서 자산 크기를 키워가는 것도 중요하다.

수익률만큼이나 매년 꾸준히 원금을 늘려가면서 자산 크기를 키우는 것도 아주 중요하다. 그래야 복리의 효과도 커진다.

④ 건강도 자산이다.

부자들이 운동에 진심인 이유는, 건강이 '수익률'이 아닌 '수익 기간'을 늘려주기 때문이다. 건강하게 오래 살아야 복리의 효과도 오래 누린다.

부자들이 어린 시절로 돌아가서 가장 먼저 하고 싶은 일을 인터뷰한 것을 다 모으면 모두 "조금 더 일찍 투자하는 것"이라고 대답했다. 이것은 우연이 아니다. 위의 표를 보고 돈 모으고 싶은 생각이 든다면 부자가 될 가능성이 크다.

적정 수익률은 어느 정도일까?

현금만 들고 있어도 괜찮을까?

"저는 투자랑 안 맞아요. 그냥 통장에만 넣어둘래요." 하는 것은 안전한 선택일까?

자본주의 사회에서는 중앙은행이 지속적으로 돈을 찍어내기 때문에, 시간이 지나면 자연스럽게 인플레이션(물가 상승)이 발생한다. 실제로 코로나 이후 물가가 눈에 띄게 오르면서, 똑같은 돈으로 살 수 있는 물건이 줄어들었다는 걸 체감했다.

현금만 들고 있으면 단기적으로는 리스크가 없다. 하지만 물가는 계속 오르고, 돈의 가치는 시간이 지날수록 떨어진다. 즉, 가만히 있어도 돈의 가치가 떨어지는 것이 가장 큰 리스크가 된다. 그러므로 물가 상승 이상으로 수익을 낼 수 있는 곳으로 내 돈을 어떤 자산에 옮겨 놓는 행동은 중요하다. 우리는 중, 장기적으로 모아갈 수 있는 목표의 돈은 약간의 리스크를 포함한 투자성 금융상품에 넣어두는 것을 고민해야 한다.

우리가 원하는 적정 수익률

그렇다면 얼마 정도 수익을 기대하는 것이 '합리적'일까?

일반적으로 아래 세 가지 요소를 모두 충족하는 수익률이 '목표 수익률Target Return'이라고 말한다.

목표 수익률 = Time + Inflation·+ Risk[18]

- **Time:** 은행에 넣었을 때 받는 예, 적금금리 수준이다.(3~4% 정도)
- **Inflation:** 물가상승률이다. 물가 상승만큼은 방어하고 싶을 것이다. (2~3% 정도)
- **Risk:** 투자로 인해 감수하는 위험에 대한 보상이다. 리스크[19]는 원금손실이 있지만 가치가 있는 곳에 투자해서 미래에 받게 되는 불확실성에 대한 위험 보상을 포함한 것이다. 투자성향(안정형, 공격형)에 따라 목표 수익률이 다르다.

이 세 가지를 합친 것 이상의 수익률 이상은 되어야 우리가 기대하는 투자 수익률일 것이다. 그런데, 높은 수익률을 기대하면 그만큼 손실도 감수해야 한다는 것을 잊으면 안 된다.

어느 정도 수익률을 생각하는 것이 적정한가? 전 세계에서 돈을 제일 잘 굴리는 사람 중의 한 명이 워렌 버핏이다. 주식시장에서만 꾸준하게 60년간 투자한 사람이다. 워렌 버핏의 수익률은 대략 연평균 20% 정도 라고 한다.[20] 그러면 연 20%를 넘어가는 수익률은 상당히 리스크가 큰 금융상품이라고 볼 수 있다. 그러니 특히 투자 초기에는 워렌 버핏보다도 적은 수익률을 목표로 잡고 금융상품을 선택하고 꾸준히 모아가는 것이 중요하다.

몰빵 vs 분산

인생은 한방. 나이도 젊은데 High Risk-High Return이 좋을까? 그러나 가격의 변동성이 작은 것이 유리하다는 논문 결과는 무수히 많다.

다음 A, B, C 중 누가 돈을 가장 많이 벌었을까?

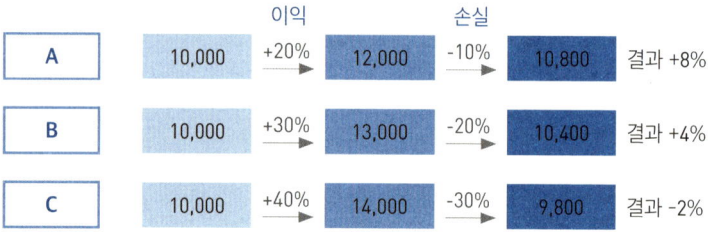

위의 그림을 보면 평균은 똑같지만, 가장 적게 오르고, 가장 적게 빠진 A가 가장 수익률이 높았다. 세 경우의 차이는 바로 변동성이다.

표준편차? 투자랑 무슨 상관?

고등학교 때 확률과 통계 시간에 '표준편차'라는 걸 배운 적이 있다. 편차는 '평균에서 얼마나 흩어졌는지'를 나타내는 수치다.

예를 들어, 어떤 학교에서 시험을 봤는데

- 어떤 학생은 100점, 어떤 학생은 30점을 맞았다면? → 표준편차가 크다.
- 모두가 비슷하게 90점대를 맞았다면? → 표준편차가 작다.

평균에서 흩어진 정도여서 시험을 보고 공부 잘한 친구와 못한 친구의 차이가 큰 학교는 표준편차 값이 크다. 그런데 공부 잘하는 학교는 시험을 다 잘 봐서 값이 몰려있는 경우가 많다. 주식도 마찬가지다. 주식에서 편차가 큰 경우 변동성이 크다고 말하고 이것을 위험하다고 한다. 변동성이 크면 수익률이 높지 않다. 즉, 우리는 고위험 고수익 상품이 아닌 변동성이 작은 금융상품을 찾는 것이 유리하다.

인생은 한방이 아니다. 한방으로 크게 벌었다면 또 길게 보면 한방에 손실이 나는 경우가 많다. 따라서 확률적으로 유리한 선택을 해야 한다. 변동성이 낮은 곳에 자산 대부분을 두고, 리스크가 큰 곳에는 일부만 배분하는 전략이 필요하다. 잘못된 투자 습관은 결국 큰 손실을 부를 수 있다. 투자를 변동성 높은 잡코인으로 배우면 답이 없다.

다음 그림을 보자. A와 B 주식이 있다고 하자. 뭘 살까 고르다. 한 명은 A에 몰빵, 한 명은 B에 몰빵, 한 명은 섞어서 매수했다.

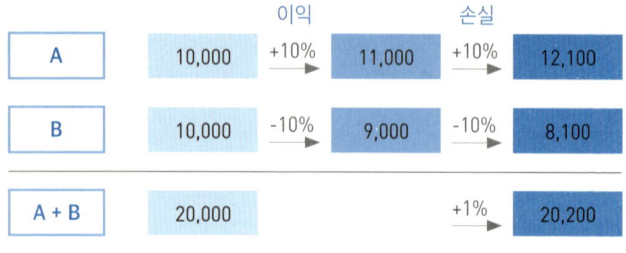

		이익		손실	
A	10,000	+10% →	11,000	+10% →	12,100
B	10,000	-10% →	9,000	-10% →	8,100
A + B	20,000			+1% →	20,200

　결과는 A가 10%씩 상승하는 경우, 21% 수익, B가 10% 하락하는 경우 19% 손실, A와 B를 함께 보유하는 경우는 1% 수익이 났다.

　즉, 분산 투자하면 하나가 오르고, 하나가 떨어져도 전체적으로 자산이 유지되거나 증가할 가능성이 커진다. 분산 투자의 핵심은 높은 수익을 내는 것이 아니라, 위험을 낮추는 것이다.

어떻게 분산할까?

　대부분 사람들이 '언제 사야 가장 싸게 살 수 있을까?'를 고민하다가 결국 아무것도 하지 못한 채 시간만 보낸다. 또, 사고 나서도 '언제 팔아야 하지?'를 몰라 손실을 보는 경우가 많다. 나도 투자 초기에 여러 방식을 시도해 봤다. '지금이 저점인가?' '기다렸다가 더 싸게 사야 하나?' 고민했지만, 실제로 가장 싸게 사는 것은 거의 불가능했다. 금융상품은 가격이 계속 변하기 때문에 최저 가격으로 사는 것은 불가능하다. 어떤 시점에 들어가던 그사이의 변화 비율만큼 이득을 챙긴다 생각하자. 사실 이것도 어려우니 시간을 분산해서 적금처럼 꾸준히 들어가는 것이 현실적이다.

초기 자금시드머니이 적은 20대에게 가장 현실적인 방법은 ETF를 정기적으로 모아가는 것이다. 마치 적금을 들듯, 매달 정해진 날짜에 일정 금액을 투자하면 가격이 오를 때도, 내릴 때도 사게 되니 평균 매입 단가가 낮아진다. 이런 방식을 '적립식 투자'라고 부른다.

시간이 지나고 자산이 조금씩 불어나면, 단순히 ETF만 사는 걸 넘어서 '자산 배분 전략'을 고민해야 한다. 실제로 많은 연구에서 전체 투자 수익률 대부분은 '자산 배분'에서 결정된다고 한다. 무슨 종목을 골랐는지가 아니라, 어떤 자산에, 얼마나 나눠서 넣었는지가 훨씬 중요하다는 뜻이다.

분산 투자하는 법

❶ 자산군별 분산 → 부동산, 주식, 채권 등으로 나눈다.
❷ 국가별 분산 → 한국, 미국, 일본 등 나라를 나눈다.
❸ 시간 분산 → 특정 시기에 몰아서 투자하지 않고, 적금처럼 나눠서 매수한다.

다시 강조하지만, 20대에서 진짜 중요한 투자는 따로 있다. 20대에 가장 중요한 투자는 금융상품이 아니라 '나 자신'에 대한 투자다. 아무리 좋은 금융상품을 선택해도, 소득이 낮다면 자산을 크게 불리는 데 한계가 있다. 결국 내 능력을 높여 소득을 높이는 것이 가장

강력한 투자이며, 지속적으로 업그레이드해야 한다. 그다음 3년 이상 목표인 것은 투자 통장을 만들어 세팅해 놓자.

핵심 콕!

20대 투자 정석: 나부터, 꾸준히, 나누어

진짜 첫 투자는 '나 자신'

20대의 가장 중요한 투자는 나를 업그레이드 하는 것이다.

배움에 돈과 시간을 투자하면 평생 수익률이 따라온다.

시간과 복리는 부자의 공식

복리는 시간이 갈수록 눈덩이처럼 불어난다.

빨리 시작하고 오래 유지할수록 자산이 기하급수적으로 성장한다.

20대는 자산이 작은 것이 당연. 무기는 시간이다.

꾸준함이 수익을 만든다.

불확실한 시장 예측보다 중요한 건 꾸준히 투자하는 습관.

SNS의 투자 정보보다 나의 성실함이 진짜 돈을 불린다.

투자 초보의 목표 수익률은 워렌버핏 수익률을 넘지 않게 한다.

고수익보다 낮은 변동성이 더 중요하다.

투자는 결국 분산으로 리스크를 줄이는 것이 핵심이다.

Chapter 5

투자가 처음이라면 ETF부터!

금융 투자 상품의 종류

투자하면 가장 먼저 떠오르는 것이 주식과 부동산이다.

자산을 크게 나누면 실물자산과 금융자산으로 구분할 수 있다. 실물자산은 형태가 있는 자산으로, 대표적으로 부동산이 있다. 또한 땅, 그림, 명품 가방, 금, 보석 등도 실물자산에 속한다. 반면, 금융자산은 직접 경제적 가치를 창출하는 것은 아니지만 간접적으로 투자할 수 있는 자산이다. 예금, 주식, 채권 등이 대표적이다.

부동산은 가격이 높아 초기 자본이 필요하기 때문에 사회초년생이 접근하기 어렵다. 반면, 금융자산 중 주식은 상대적으로 적은 비용으로도 투자할 수 있어 접근성이 높다.

금융상품을 아래 그림처럼 나누어 볼 수 있다. 우리가 chapter 3에서 살펴보았던 적금이나 예금은 원금손실이 없는 비투자 상품이다. 1년 미만의 단기 목표를 가지고 있는 경우에는 안전하게 적금으로 모아가는 게 바람직하다. 그러나 장기 목표를 가지고 있는 경우에는 약간의 리스크를 가진 금융상품에 투자하는 것도 고려해 볼 수 있다.

금융상품 분류

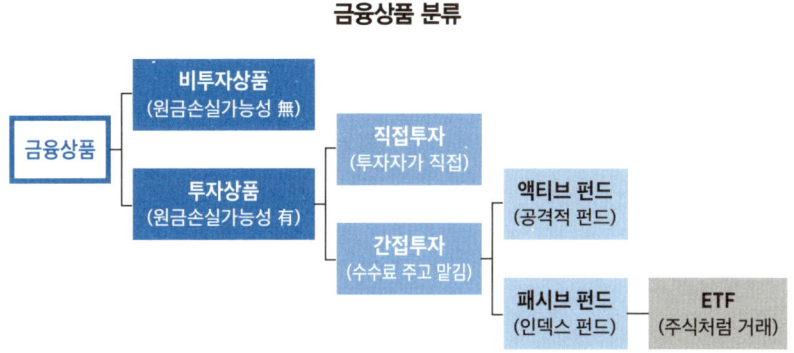

직접투자 vs 간접투자

투자성 금융상품의 대표적인 예는 주식이다. 특정 기업의 주식을 직접 매수하는 방식은 직접투자에 해당한다. 예를 들어, 삼성전자나 현대차 주식을 직접 사는 것이 이에 해당한다.

반면, 간접투자 방식도 있다. 대표적인 간접투자 상품이 바로 펀드Fund이다. 펀드는 여러 투자자로부터 자금을 모아, 자산운용사가 주식, 채권, 실물자산 등에 투자하고 그 성과를 투자금액에 비례해 분배하는 구조다.

즉, 투자자는 직접 종목을 고르며 매매하지 않고, 펀드매니저가 대신 운용 해주는 방식이다. 펀드는 자산운용회사가 설정하고, 펀드 매니저가 어떤 자산에 얼마만큼 투자할지 등을 결정하며, 위험 요소를 점검하고 운용 전반을 관리한다.

쉽게 말해, "나는 투자에 대해 잘 모르니 전문가가 대신 운용 해줘. 대신 수수료를 낼게."라는 개념이라고 이해하면 된다.

엑티브 펀드 vs 패시브 펀드

펀드는 운용 방식에 따라 두 가지로 나뉜다. 액티브 펀드는 자산운용사의 펀드 매니저가 직접 투자 종목을 골라 운용하는 능동적 펀드이다. 반면, 패시브 펀드는 시장의 종목을 골고루 보유하면서 시장 수익률을 따라가는 수동적 펀드이다.

- **액티브 펀드**Active Fund: 적극적으로 운용하여 시장보다 높은 수익을 목표로 한다. 다만, 변동성이 크고 수수료가 높다.
- **패시브 펀드**Passive Fund: 시장 수익률을 그대로 따라가는 펀드로, 수수료가 저렴하고, 운용 방식이 단순하다.

패시브 펀드Passitve Fund 주가지수 추종 상품

패시브 펀드는 말 그대로 수동적인 운용 전략을 따르는 펀드다.

주가지수를 추종하는 방식으로 운용되며, 대표적으로 인덱스 펀드가 있다.

최초의 인덱스 펀드는 1976년 존 보글이 뱅가드Vanguard에서 출시한 S&P 500 인덱스 펀드다. 초기에는 주가지수를 단순히 따라가는 것이 의미가 없다는 비판을 받았지만, 시간이 지나면서 액티브 펀드보다 장기적으로 높은 수익률을 기록하는 사례가 많아지며 인정받게 되었다. 예를 들어, KOSPI 200 인덱스 펀드는 KOSPI 시장에 상장된 800여 개 기업 중 대표 200개 기업을 선정해 이를 지수화한 상품이다. 우리나라는 2002년에 KOSPI 200을 추종하는 2개의 ETF가 첫 상장 되었다. 인덱스 펀드는 자동으로 분산 투자가 이루어져 리스크를 줄일 수 있지만, 시장 수익률을 초과하기 어렵다는 한계가 있다.

전문가들의 인덱스 펀드 극찬

주식투자를 해볼까 하다가도 언제 어떤 종목을 사야 할지 고민하다가 시작조차 어려워진다. 세계적인 경제학자들, 투자 대가들은 개별종목을 고르는데 시간을 투자하지 말고, 시장 전체를 사버려라. 라고 이야기한다. 복잡한 분석보다 꾸준한 분산 투자와 시간이 투자 성공의 열쇠라고 강조한다.

- 머튼 밀러(1990년 노벨경제학상 수상)[21]

"인덱스 펀드를 선택하면 재테크에 신경 쓰지 않고 여가생활에 더 많은 시간을 할애할 수 있으며, 장기적으로 더 높은 수익을 거둘 가능성이 크다."

- 유진 파마(2013년 노벨경제학상 수상)

"누구도 시장을 예측할 수 없다. 따라서 특정 종목에 집중 투자하는 것보다 시장 전체를 사는 것이 더 유리하다."

- 워렌 버핏

"내가 죽으면 재산의 90%를 S&P 500 인덱스 펀드에 투자하라."

ETF Exchange Traded Fund 란?

ETF Exchange Traded Fund는 펀드를 유가증권 시장에 상장시켜 거래소에서 주식처럼 거래할 수 있게 만든 것이다. 쉽게 말해, 상장지수 펀드를 삼성전자 주식처럼 사고팔 수 있는 금융상품이다.

E	(Stock) Exchange	증권거래소에서
T	Traded	거래가 이루어지는
F	(Index) Fund	인덱스 펀드

예를 들어, KODEX 200은 KOSPI 200 지수를 추종하는 ETF로,

우리나라 대표 200개 기업에 자동으로 분산 투자할 수 있다. 만약 이 200개 기업을 각각 한 주씩 직접 산다면 수천만 원이 필요하다. 하지만 지수 추종 ETF는 이 기업들을 하나로 묶어 얇게 슬라이스해 놓은 상품이라고 생각하면 이해하기가 쉽다.

즉, KOSPI 200 ETF 한 주를 사는 데는 몇만 원(2025년 10월 현재 약 5만 원)만 있으면 된다. 적은 비용으로도 시장 전체에 골고루 투자할 수 있고, 자연스럽게 분산 효과까지 얻을 수 있다. 정말 매력적인 상품 아닌가?

> ETF는 금융 100년사 중 가장 위대한 금융상품으로 평가받고 있다.[22]

ETF는 주식처럼 한 주 단위로 사고팔 수 있기 때문에, 증권사 앱을 설치하면 누구나 쉽게 거래할 수 있다. 예를 들어 KOSPI 200 ETF도 한국거래소에 상장된 주식과 동일한 방식으로 매매가 가능하다.

ETF의 종류는 주가지수를 추종하는 것뿐만 아니라, 점점 더 다양한 ETF(업종섹터, 채권, 원자재, 부동산, 통화, 혼합자산 등)가 생겨서 2025년 9월 말 현재 국내 ETF는 550개, 해외 ETF는 466개로 총 1,016개 종목이 상장되어 있다.[23]

ETF는 매일 자산 구성 내역을 모두 공개하고, 수수료도 일반 펀드에 비해 저렴하다. 그러나 약간의 거래 비용은 들어간다.

ETF만 해도 공부해야 할 것이 참 많다. 개별 주식을 사는 것은 초보자에게는 너무나 어려운 일이기 때문에, ETF를 먼저 공부해 보길 권한다.

ETF 뽀개기

ETF 종류를 자세히 살펴보자. 예를 들면, 증권사에서 ETF를 검색하면 국내 시장지수, 업종/테마별, 파생, 해외주식, 원자재, 채권 등 다양한 ETF 종류가 나온다. ETF 매매 전 알아야 할 용어들을 살펴보자.

전체	국내 시장지수	국내 업종/테마	국내 파생	해외 주식	원자재	채권
종목명	현재가	전일비	등락률	NAV	3개월수익률	거래량	거래대금(백만)
TIGER 미국S&P500	23,380	▲ 180	+0.78%	23,351	+11.58%	5,990,587	140,215
KODEX 200	49,570	▲ 1,435	+2.98%	49,584	+19.46%	15,206,860	757,037
KODEX CD금리액티브(합성)	1,074,095	▲ 215	+0.02%	1,074,182	+0.69%	202,527	217,532
KODEX 머니마켓액티브	103,965	▲ 60	+0.06%	103,969	+0.74%	707,959	73,600
TIGER 미국나스닥100	154,475	▲ 1,610	+1.05%	154,104	+13.67%	562,836	87,019
KODEX 미국S&P500	21,465	▲ 170	+0.80%	21,442	+11.56%	3,440,208	73,945
TIGER CD금리투자KIS(합성)	56,645	▲ 25	+0.04%	56,641	+0.72%	286,973	16,254
KODEX KOFR금리액티브(합성)	110,725	▲ 75	+0.07%	110,699	+0.70%	424,192	46,968
TIGER 미국테크TOP 10 INDXX	28,955	▲ 285	+0.99%	28,854	+20.34%	2,329,212	67,463
KODEX 미국나스닥100	23,215	▲ 260	+1.13%	23,146	+13.70%	4,104,744	95,343

(참고: 네이버페이증권 → 국내 증시 → ETF)

ETF 매매 전 알아야 할 것들

> **ETF 종목명**
>
> ETF 브랜드 + 상품명(선물, 인버스, 레버리지 여부) + 합성 ETF 여부 + 환헤지 여부(H)

브랜드명

종목명에 KODEX, TIGER 등이 붙어있다. 이것은 무엇일까? 각 운용사의 ETF 브랜드명이다. ETF 운용사들은 28곳(2025.9 기준)이 있다. 초보자들은 거래량이 많고 순자산 규모가 큰 브랜드에서 시작해보자.

국내 대표 ETF 운용사

브랜드	운용사	종목 수(비중) (개/%)	순자산(비중) (억 원/%)
Kodex ETF	삼성자산운용	220(21.7%)	893,543(38.6%)
Tiger ETF	미래에셋자산운용	216(21.3%)	762,621(32.9%)
Rise ETF	케이비자산운용	125(12.3%)	179,701(7.8%)
Ace ETF	한국투자신탁운용	98(9.6%)	177,783(7.7%)
Plus ETF	한화자산운용	72(7.1%)	65,005(2.8%)
Sol ETF	신한자산운용	65(6.4%)	95,522(4.1%)
Kiwoom ETF	키움투자자산운용	59(5.8%)	47,761(2.1%)

* 참고: KRX ETF·ETN Monthly 2025년 9월호(제171호)

참고로, 우리나라 사람들이 많이 이용하는 미국 ETF 운용사 브랜드들은 아래와 같다.

미국 대표 ETF 운용사

ETF 브랜드	미국 ETF 운용사	특징
iShares	BlackRock	세계 최대 규모
Vanguard	Vanguard	세계 최초 인덱스 펀드 출시한 기업
SPDR	State Street Global Advisors	S&P 500 ETF 개척

종류

국내시장지수, 업종테마, 파생, 해외주식, 원자재, 채권 등 지수만 추적하는 ETF 외에도 특정 업종 및 산업을 기초로 한 ETF도 있고, 금, 은 등 상품추적, 채권 등 다양한 ETF 종류가 있다. 상품명은 다양한 ETF 종류를 나타낸다. 예를 들어, 내가 앞으로 반도체 산업이 좋을 것 같아 AI 산업이 좋을 것 같다는 산업군은 알고 있는데, 기업은 모르겠다 할 경우, 특정 업종 및 산업을 기초로 한 ETF를 살펴보는 것도 방법이다. 단, 반도체 ETF라도 상품별로 회사의 투자 비중은 다르기 때문에 내가 원하는 회사에 어느 정도 비중으로 투자되어 있는지 살펴보고 ETF 상품을 선택해야 한다.

업종/섹터 등의 ETF를 만드는 기준은 한 종목에 과도한 집중 위험을 방지하고 상품의 분산 투자 원칙을 준수하기 위해 지수를 구성할 때 기준이 있다. ① 지수를 구성하는 종목이 10종목 이상일 것 ② 하나의 종목이 그 지수에서 차지하는 비중이 30% 이상을 초과하지 않을 것, ③ 지수를 구성하는 85%는 시가총액 150억 원 이상일 것 & 거래대금 1억 원 이상일 것, 이 요건 모두를 충족해야 한다(금융투자업규정 제 7-26조). 즉, ETF 선택만으로도 자동 분산투자가 된다.

다양한 ETF 종류

ETF 종류	특징
지수추적 ETF	주요 시장지수(S&P 500, 나스닥 100, KOSPI 200 등 추종)
업종/섹터 추적 ETF	특정 산업군에 집중 투자(반도체, 2차전지, 방산, 우주 등)
채권형 ETF	국채, 회사채 등 다양한 채권 투자
배당 ETF	안정적인 배당 수익을 목표로 하는 주식에 투자
원자재 ETF	금, 은, 원유 등 실물자산 추종

ETF 상품명에 붙은 용어 정리

ETF 상품에 레버리지, 인버스라는 단어가 붙으면 훨씬 고위험 고수익 ETF 상품이다. 상승세나 하락세가 계속 이어지면 모르겠지만 인버스, 레버리지 상품은 일간(1일)변동이 반영되어 계산되기 때문에 변동성이 큰 장세라면 손실이 매우 커질 수 있다.

해외 ETF도 많이 사는데, 해외 ETF를 사고 그 시세차익을 벌 수도 있지만, 매매한 후 환율에 따라서 환율 상승분이나 하락분이 반영될 것이다. H가 붙으면 나는 시세차익만 먹고, 환율 변동에 대한 변수는 제거하겠다 할 때 H가 붙은 것을 선택한다. 그러나 대부분 H가 붙지 않는 환율상승, 하락분을 반영하는 ETF가 대부분이다.

=알아두어야 할 ETF 용어

ETF 단어	특징
인버스	기초지수 하락에 연동
인버스 2X	기초지수 하락에 2배 연동
레버리지	기초지수 상승에 2배 연동
TR[24]	ETF에서 발생하는 배당금 다시 재투자
합성	파생상품을 이용해 수익률을 추종하여 더 높은 리스크를 가지고 있고, 훨씬 복잡함.
H	환율 변동 영향 제거(H 없으면 자연스럽게 환율상승/하락분 반영)

주식투자 세금 몽땅 정리

주식 거래 수수료: 증권사 수수료와 유관기관 수수료

주식 거래 수수료는 주식을 사고매수, 팔 때매도마다 지불해야 하는 수수료이다. 주식 거래 수수료에는 증권사에 지급하는 위탁매매 수수료와 한국거래소 등에 지급하는 유관기관 수수료 등을 내야 한다. 그리고, 주식 거래 수수료는 증권사마다 다르다.

- **증권사 수수료**: 주식, ,ETF, 채권 등 매수, 매도 시 중개 서비스 대가로 증권사에 지불하는 비용. 증권사마다 다르고, 거래 방식에 따라 다름
- **유관기관 수수료**: 매수, 매도 시 한국거래소와 예탁결제원에 지불[25]하는 비용. 증권사와 관계없이 모든 투자자가 부담해야 함.

모바일 거래 기준 증권사별 거래 수수료 비교

	국내주식 거래수수료	유관기관 수수료[26]	비고
키움증권	0.015%	고객부담	주식 ETF 동일
미래에셋증권	0.136%	고객부담	주식 ETF 동일
한국투자증권	0.147%	고객부담	주식 ETF 동일
신한투자증권	주식 0.1891639% ETF 0.189733%	수수료에 포함	
NH투자증권	200만 원 미만- 0.1971639%+500원 200만 원 이상- 0.1971639%	고객부담	주식 ETF 동일
KB증권	주식 0.1973% ETF 0.1978%	수수료에 포함	주식 ETF 동일
삼성증권	50만 원 미만- 0.497216% 50-1,000만원 미만- 0.147216%+1,500원	수수료에 포함	주식 ETF 동일

(2025. 10 기준 각 증권사 상품 공시실 - 수수료 참고)

소액으로 거래하는 경우 매매대금 이외에 고정 수수료가 추가되는 증권사가 있다. 청년층의 경우 거래액이 크지 않기 때문에, 거래 수수료가 낮고, 고정수수료가 없는 증권사가 유리하겠다.

해외주식에 직접 투자할 경우 현지 화폐로 환전해야 하므로 거래 금의 0.2~1% 정도의 환전수수료가 붙고, 해외거래 수수료도 붙는데, 주요 증권사 대부분 0.25%이다. 해외주식의 수수료는 크기 때문에 더 신중해야 한다.[27]

증권사 수수료와 유관기관 수수료 절약 방법은 온라인 거래를 이용하고, 거래 빈도를 줄이고, 증권사 프로모션을 활용한다.

주식투자 관련 세금: 증권거래세, 양도소득세, 배당소득세

	국내 주식	국내 상장 국내 주식 ETF	국내 상장 해외 주식 ETF	해외 상장 해외 주식 ETF	해외 주식	기타 ETF (채권형, 인버스 등)
증권거래세	0.15% (코스닥, 코스피)	×	×	×	×	×
매매차익 (양도소득세)	×[28]	×	15.4%	양도소득세 22% (1년 단위 과세/ 250만원 공제) (한해 손실, 수익분 손익 통산됨)		15.4%
배당소득세 (분배금)	15.4%[29]					

증권거래세+농특세

증권거래세는 주식을 매도하였을 때 부과하는 세금이다. 증권거래 세율은 증권시장 활성화를 위하여 코스피, 코스닥 매도 시 0.15%의 증권거래세를 원천징수한다.

- 주식을 팔 때만 부과(이익 여부 상관없음)
- 코스피: 증권거래세 0% + 농특세 0.15% = 총 0.15%
- 코스닥: 증권거래세 0.15% + 농특세 0% = 총 0.15%
- 증권사가 자동 원천징수
- ETF는 증권거래세 없음

매매차익에 대한 양도소득세

양도소득세는 개인이 주식을 팔아 생긴 이익(매매차익)에 부과되는 세금이다. 다만, 국내 상장 주식의 소액주주들은 양도소득세를 내지 않는다. 예를 들어, 삼성전자를 5만 원에 매수해서 7만 원에 매도했다면, 2만 원의 이익이 생기지만 양도소득세를 내지 않는다. 국내 상장된 국내 주식형 ETF에 투자해도 역시 매매차익에 대한 세금은 없다.

그러나 국내 상장된 ETF 중 국내 주식형 ETF를 제외하고 매매차익에 대한 소득세 15.4%를 부과 한다.[30] 즉, 국내 상장된 해외 ETF는 매매차익에 대한 소득세 15.4%를 부과한다. 해외 상장된 해외 ETF의 경우는 시세차익인 양도세를 22% 낸다. 다만 이익 중 250만 원은 공제하고 세금을 부과한다. 양도소득세는 일반적으로 분리과세 대상이다. 다른 소득과 합산되지 않고 독립적으로 과세된다.

- 국내 주식: 매매차익에 대한 세금 없음(일부 대주주 예외)
- 국내 상장 ETF: 매매차익 과세 없음
- 국내 상장 해외 ETF: 15.4% 배당소득세 부과[31]
- 해외 상장 ETF: 22% 양도소득세 부과(250만 원 공제 적용)

> 해외 ETF 양도세는 그다음 해 5/1~5/31 내 신고
> (시세차익이 250만 원(한 해 수익과 손실분 합산) 미만이면 신고 안 해도 된다.)
> (250만 원 이상이면 국세청 홈텍스나 증권사 대행 서비스를 이용하면 된다.)

배당소득세(분배금)

배당을 주는 회사들이 있다. ETF의 경우에는 기업이 주주에게 배당을 하는 것과 같이 일정 시점에 보유한 투자자들에게 분배금을 지급한다. ETF의 배당을 분배금이라고 부른다고 생각하면 된다.

국내주식, 국내 ETF, 해외 상장된 해외 ETF 배당에는 모두 15.4%의 세금을 내야 한다. 배당을 안 주는 주식이라면 당연히 배당소득세가 없다.

- **국내 주식: 15.4%**
- **국내 상장 ETF: 15.4%**
- **국내 상장 해외 ETF: 15.4%**
- **해외 상장 ETF[32]: 해외에서 원천징수**(참고로 미국의 배당소득세는 15%) **국내에서 추가로 배당소득세가 부과되지는 않으나, 다른 금융소득과 합산해 연 2,000만 원 넘으면 종합과세**(이때 해외에서 원천 징수된 세금은 외국 납부세액 공제 가능함)

금융소득종합과세

- 개인의 연간 금융소득(이자, 배당소득)이 2,000만 원을 초과하면, 해당 소득을 다른 소득과 합산하여 누진세율(6.6~49.5%)을 적용한다.
- 2,000만 원 이하의 금융소득(이자, 배당소득)은 15.4%의 원천징수로 과세가 종결된다.
- 금융소득종합과세 대상 여부는 개인 단위로 결정되며, 부부 합

산 과세는 헌법재판소 위헌 판결에 따라 폐지되었다.

- 참고로, 정부가 '고배당 기업에 대한 배당소득 분리과세' 도입을 추진하고 있다.

금융소득 세금

소득에는 여러 종류가 있다. 회사에 다니면 근로소득, 사업을 해서 얻는 사업소득, 노후에 연금을 받으면 연금소득, 그리고 주식이나 부동산 등 투자로 얻는 금융소득, 그 외 기타소득 등이 있다.

이 중 금융소득은 타인에게 자금을 빌려주거나 투자해서 발생하는 소득으로, 이자소득과 배당소득으로 나뉘며 각각 15.4%(소득세 14%+지방소득세 1.4%)의 세금이 부과된다. 정부는 일부 금융소득에 대해 비과세 또는 저율 과세 혜택을 제공하기도 한다.

금융소득(이자, 배당소득)이 연 2,000만 원 이하라면, 금융기관이 투자 수익을 지급하기 전에 일정 금액을 세금으로 먼저 떼어 원천징수하고, 나머지 금액을 지급한다. 이렇게 하면 세금 문제가 종결된다.

하지만 금융소득이 연 2,000만 원을 초과하면, 초과분에 대해 근로소득, 사업소득 등 다른 소득과 합산하여 다음 해 5월 종합소득세 신고 및 납부해야 한다.(홈택스에서 금융소득 조회 가능)

[종합소득]

근로소득
사업소득
이자소득
배당소득
연금소득
기타소득

[금융소득이 연 2,000만 원 넘으면 종합과세]

배당, 이자소득 연 2,000만 원 이하 ➡ 15.4% 원천징수 분리과세 끝!!!

배당, 이자소득 연 2,000만 원 초과 ➡ 2,000만 원까지 15.4%
초과분에 대해 종합과세 적용

[양도소득]
[퇴직소득]

[분류과세 - 종합소득에 합산 안됨] ➡ 별도 계산

소득세법에서 소득별 세금을 부과하는 방식

종합과세
소득을 그 종류에 관계 없이 일정한 기간(통상 1년)을 단위로 합산해 과세(이자, 배당, 사업, 근로, 연금, 기타소득)

분리과세
세법에서 일정한 소득에 대해 기간별로 합산하지 않고 해당 소득이 지급될 때 소득세를 원청징수함으로써 과제를 종결

분류과세
과도한 세부담 발생을 해결하기 위해 다른 소득과 합산하지 않고 별도로 해당 소득만 과제(퇴직소득, 집 팔 때 양도소득)

ETF 투자 시 도움 되는 세금 절세 계좌 ISA

증권사의 계좌 종류

증권사 계좌 개설을 할 때 대부분 비대면의 방법으로 증권사 앱을 깔고 계좌 개설을 한다. 증권사에 국내주식, 해외주식, 연금, CMA 등 여러 계좌가 있으므로, 어떤 목적으로, 어떤 상품을 살지를 결정하고 나에게 필요한 계좌를 만들어야 한다. 증권사의 계좌 종류를 정리하면 아래와 같다. 보통 종합계좌 증권거래 계좌의 이름으로 개설하면 국내 주식이나 ETF 거래가 가능하다.

증권사의 계좌 종류

계좌유형	거래 상품별 계좌	거래 가능상품
종합계좌(or 증권거래)	국내주식	주식, ETF, ETN 등
종합계좌(or 증권거래)	해외주식	해외주식
투신계좌	CMA	CMA-RP, MMF, 펀드
연금저축계좌	개인연금	연금펀드
IRP계좌	IRP	펀드, ELS, 채권
ISA계좌	ISA	국내주식, ETF, 펀드, 채권, 파생, RP 등
선물/옵션계좌	선물옵션	지수/주식 선물

ISAIndividual Saving Account 개인종합자산관리계좌

정부 정책적 금융상품이 여기에 또 있다. 바로 ISAIndividual Saving Account 계좌이다. 개인종합자산관리계좌라고 부른다. 국민의 자산

형성을 돕는다는 취지로 금융소득에 대한 세금 부담을 줄일 수 있도록 마련한 정부 절세상품이다. 2016년 3월에 생겼지만, 처음에는 매력적인 상품이 아니라 가입자가 많지 않았다. 그러나 2021년 ISA가 개편되면서 가입자 수가 폭발적으로 늘었다. 2021년 제도 개편 이후 소득과 관계없이 19세 이상 누구나 가입할 수 있게 되었고, 특히 상장주식과 ETF 매매가 가능해지면서 ISA 계좌에 담을 수 있는 상품이 많아졌다. 그중에서도 중개형 ISA 가입 방식을 선택하면 직접 투자할 수 있어, 3년 이상의 목표로 돈을 굴리기에 적합한 계좌이다. 또한 가입 기간 중 자유롭게 상품을 교체할 수 있어, 시장 상황에 따라 투자 비중이나 상품을 고려하면서 운용이 가능하다.

ISA 계좌는 특정 증권사 상품이 아닌 정부 정책적인 절세상품이니 시간을 내서 ISA 계좌를 만들고 증권사 예수금 계좌가 아닌 ISA 계좌에 돈을 넣고 ETF를 매매하자. 계좌 개설 시 의무가입 기간 내 손익통산하여 기본 200만 원 한도로 수익 비과세가 되나, 연 소득 5,000만 원 이하이면 비과세 한도를 400만 원까지 늘려주니 금융사에 연락해 증빙 자료를 제출하여 늘려놓는다.

ISA 특징

	ISA 특징
가입 자격	- 19세 이상 국내 거주자, 소득과 상관없이 가입 가능 (만 15-19세의 경우 근로소득 있으면 가입 가능) (단 직전 3개년 중 1회 이상 금융소득종합과세 대상인 경우 제외)
가입 유형	- 투자중개형, 신탁형, 일임형 중 하나만 선택 가능
납입방식 계약기간	- 의무가입기간 최소 3년 이상
납입방식 납입한도	- 연 2,000만 원(누적 최대 1억: 5년 납입 기준) - 전년도 미납분 이월 납입 가능 (납입 원금 내에서 중도 인출 가능(단, 재납입 불가))
세제 혜택	- 이자, 배당소득, 주식 양도차액 손익통산 허용 - 수익 비과세(200만 원 한도) (서민형, 농어민형은 400만 원까지)[33] - 비과세 초과분은 9.9%(지방소득세 포함) 저율 분리과세 - 분리과세(금융소득종합과세에 미포함)

ISA 가입순서와 선택기준

ISA를 개설할 수 있는 금융기관은 은행과 증권사이다. 은행에서는 신탁형, 일임형에서 선택 가능하고, 증권사에서는 중개형, 신탁형, 일임형 중에서 선택이 가능하다. 한 사람당 한 개의 ISA만 가입 가능하기 때문에,[34] 나에게 맞는 ISA를 잘 선택해서 가입해야 한다.

2025년 상반기에 ISA 계좌 가입자가 역대 최대로 증가하였다. 가입 비중은 투자중개형 60.2%, 신탁형 37.2%, 일임형 2.6% 순이었다.[35]

특히, 2030세대는 증권사 투자중개형 ISA를 가장 많이 선택한다.

이 방식은 본인이 직접 상장주식이나 ETF를 운용할 수 있기 때문이다. 다만, 중개형 ISA에서는 해외주식 직접투자나 예·적금 가입은 불가능하다. 의무가입기간만 지나면 절세 혜택을 유지하면서 언제든 자유롭게 해지할 수 있다는 점도 알아두면 좋다.

ISA 가입 유형

	중개형	신탁형	일임형
투자가능 상품	국내상장주식, 채권 ETF, ETN, 펀드, RP 리츠, 상장형수익증권 파생결합증권/사채	예금, ETF, ETN, 펀드, RP 리츠, 상장형수익증권 파생결합증권/사채	펀드 등
투자방법	개인이 직접 투자 상품 선택 운용	신탁업자에게 운용지시 지시대로 운용	금융사에 운용 일임 운용방법 변경 요구 가능
보수 및 수수료	투자 상품별 수수료	보수: 약 연 0.2% + 투자 상품별 수수료	보수: 1% 이하 + 투자 상품별 수수료
개설 가능 금융기관[36]	증권사	은행, 증권사 (은행 중 신탁형 중단된 곳 있음)	은행, 증권사

한 사람당 1개의 ISA 계좌만 만들 수 있기 때문에 투자 가능 상품과 투자방법, 보수 등을 살펴보면서 금융기관(은행 VS 증권사) 선택 ➜ 유형(신탁형, 일임형, 중개형) 선택을 하여 나에게 맞는 ISA 계좌를 만들어서 투자하자.

ISA 계좌의 과세 방식

의무가입기간 3년 동안은 세금이 미뤄졌다가, 만기 시점에 한 번에 정산한다. 그동안의 손실과 이익을 합산한 후 최종 과세 대상 금액이 결정된다.

예를 들면, 매달 50만원×3년 S&P5000(수익률 3년 누적 30%) 투자했다고 가정해 보겠다. 중간에 사고 팔지 않고 3년 후 해지하는 것으로 하여 비교해 보면,

- **투자원금(3년간): 1,800만 원**
- **수익금: 1,800만 원× 30% = 540만 원**

계좌	상품	적용 세금	총 세금
일반계좌	국내상장 해외 ETF	양도세 15.4%	831,600원
ISA 일반형	국내상장 해외 ETF	200만 원 비과세, 초과분 9.9% 분리과세	336,600원
ISA 서민형	국내상장 해외 ETF	400만 원 비과세, 초과분 9.9% 분리과세	138,600원
해외 계좌	S&P 500 ETF	연간 250만 원 기본공제 후 초과분 22% 양도세	638,000원

일반계좌보다는 ISA 중개형이 세금은 훨씬 유리하다. 많은 2030들이 해외 계좌를 통해 해외주식에 직접투자를 하는 경우가 많다. 연 250만 원 기본공제를 잘 활용하지 못한다면, ISA 중개형 계좌에서 국내상장 해외 ETF에 투자하는 편이 효율적이다.

반대로, 해외계좌에서 250만 원 공제를 잘 활용하는 투자자라면 이야기가 달라진다. 해외 직투의 경우, 매년 250만 원의 수익을 실현하고 재투자하면 3년간 총 750만 원의 수익에 대해 세금이 0원이다. 즉, 3년 기준으로 누적 수익금이 1,200만 원 미만이면 해외 직접투자가 ISA보다 유리하다. 하지만 이 한도를 초과하거나, 매년 공제 활용이 어렵다면 ISA 중개형 계좌를 활용하는 것이 더 절세효과가 크다.

추가로 고려할 것은 ISA에서는 여러 상품에 투자하여 발생한 손실과 수익을 계산해서 세금을 줄여주고, 과세 시에도 분리과세 9.9%로 원천징수(세금을 미리 내고) 납세의무가 종결되기 때문에, 나중에 금융소득 종합과세에 합산되지 않는 장점도 있다. 결국, 나의 투자 성향과 각 계좌의 특징을 살펴 나에게 맞는 금융상품을 선택하는 것이 중요하다.

손익 통산에 포함되는 것

- 개별주식 손실분
- 국내상장주식 공모펀드
- 국내상장주식 공모펀드
- 국내상장된 ETF 배당소득
- 국내상장 해외 ETF의 매매차익과 분배금
- 채권형 펀드와 ETF의 매매차익과 분배금
- 개별채권 이자소득세
- 예, 적금 이자

ETF를 담는 또 다른 계좌
IRP, 연금저축(노후 대비용)

과거에는 평균 수명이 짧아 노후 준비의 필요성이 크지 않았다. 그러나 2023년 기준 평균 수명은 83.5(OECD, 2025)세이다. 55세에 은퇴한다고 가정하면, 30년 정도를 더 살아야 한다. 부모 세대 역시 노후 준비에 여유가 없어서, 20대부터 스스로 노후 대비에 관심을 가질 필요가 있다.

노후에는 소득이 줄거나 없지만, 생활비·의료비·물가 상승, 그리고 '얼마나 오래 살지 모른다'는 장수 리스크는 계속된다. 따라서 단순히 얼마를 모았는지가 아니라, 매달 안정적으로 현금 흐름이 생기는 구조를 만드는 것이 핵심이다.

20대 후반이 되면 본격적으로 소득 활동을 한다. 내 집 마련·결혼 준비 등 더 중요한 과업을 위해 돈을 모으게 된다. 이때는 노후 준비는 크게 관심이 없지만, 국민연금과 퇴직연금은 직장생활을 하면 의무가입 되므로, 기본 개념을 이해해 두면 도움이 된다. 여기에 추후 여유가 된다면, 개인연금저축, IRP 등을 추가로 가입하여 복리의 효과와 절세 혜택을 활용하여 적절하게 준비하면 도움이 되겠다.

우리나라 연금 제도의 3층 구조

노후 대비는 국가, 기업, 개인이 함께 준비하는 3층 구조로 되어 있다. 사회보장 성격의 공적연금인 국민연금, 기업의 퇴직연금제도를 바탕으로 한 퇴직연금, 개인이 추가로 가입하는 개인연금으로 나눌 수 있다.

3층 연금 제도

보장 제도	보장 주체	보장 정도
국민연금	국가	최소한의 기본 보장
퇴직연금	기업	안정적 기반
개인연금	개인	여유자금 마련

국민연금 - 국가가 보장하는 기본 연금

우리나라의 사회보장제도로는 국민연금, 건강보험, 산재보험, 고용보험, 노인장기요양보험이 있다. 이중 국민연금은 노후 소득 보장을 위해 국가에서 시행하는 사회보장제도이다. 회사에 다닐 때는 월급에서 국민연금이 원천 징수되어 먼저 떼가서 월급이 줄어드는 느낌이 들어 싫다. 그러나 노후가 되면 큰 도움이 된다.

국민연금 납부 금액은 개인의 소득에 따라 결정되며, 소득의 9%[37]를 보험료로 납부해야 한다. 직장인의 경우 회사와 본인이 4.5%씩 분담한다. 지역가입자는 9% 전액을 스스로 납부한다.

연금 보험료 = 나의 기준 소득[38] (월) × 9%

국민연금은 '고갈된다'는 걱정이 있지만, 202년 연금 개편으로 보험료 부담은 늘지만 국가지급 보장 조항으로 안정감이 생겼다. 국민연금은 물가상승률에 맞춰 연금액이 늘어나고, 소득 능력이 없어도 죽을 때까지 기본 급여를 받을 수 있다는 장점이 있다. 최소한의 노후 안전망이므로 노후 대비의 기본으로 가져가는 것이 좋다.

참고로, 소득이 없는 학생, 전업주부, 미취업자는 임의가입자로 선택 가입이 가능하다. 또, 납부가 어려운 경우 유예할 수 있으며, 이후 최대 10년까지 추후 납부도 가능하다.

국민연금 가입유형[39]

국민연금 가입유형	의무 여부	가입자
① 사업장 가입자	의무	1인 이상 근로자를 고용하고 있는 사업장의 18-60세 미만 사용자 및 근로자(18세 미만은 본인이 원하지 않으면 제외 가능)
② 지역가입자	의무	1인 자영업자, 농어업인 등 사업장 가입자가 아닌 자
③ 임의가입자	선택	소득 없는 전업주부, 소득 활동에 종사하지 않는 27세 미만 학생 등 60세 미만의 희망자
④ 임의계속가입자	선택	국민연금 내고 있었는데 60세가 되었지만, 연금을 받기 위한 가입 기간 부족한 경우나 기간을 늘려 더 많은 연금 받기 원하는 자(최대 65세까지 가입 가능)

퇴직연금 - 회사가 쌓아주는 노후자금

2022년부터 모든 사업장이 퇴직연금을 도입했다. 근로자가 1년 이상 근무하면 회사는 매년 평균임금 한 달 치를 퇴직금으로 적립

한다. 과거에는 일시금 지급이 일반적이었지만, 이제는 연금 형태로 받는 퇴직연금이 대세다.

퇴직금 지급 방법

구분	지급 방식	특징
퇴직 일시금	일시 지급	퇴직 시 일괄 지급 법정 퇴직금 = 30일분의 평균임금 × 근속연수
퇴직연금	연금 형태 지급	노후 자금으로 분할 수령 가능

　퇴직연금은 재직 중에 확정급여형DB과 확정기여형DC 중 선택할 수 있다. 단, 선택하면 다시 바꿀 수 없으므로 신중하게 선택해야 한다. 그리고, 재직과 상관없이 가입하는 IRP가 있다.

　확정급여형DB의 경우는 임금 상승률이 높고, 오랫동안 회사에 다니는 대기업 근로자들에게 유리할 수 있다. 확정기여형DC은 회사가 매년 불입한 퇴직금을 근로자가 직접 운용한다. 운용 성과에 따라 수익이 달라지는 방식이다. 또한 재직 여부와 상관없이 소득 있는 개인이 개설할 수 있는 IRP(개인형 퇴직연금)도 있다. 다만, 소득이 없는 학생은 가입할 수 없고, 특별한 사유(주택 구입 등)를 제외하면 만 55세까지 인출이 불가능하다. 따라서 사회초년생 시기에는 무리하지 않고 DB, DC 중 나에게 유리한 것을 선택하고, 이것을 잘 챙기는 것부터 하자.

퇴직연금 유형

종류	가입자	특징
확정급여형 (DB: defined Benefit)	근로자	회사가 근속 기간과 평균 임금에 따라 퇴직급여 결정
확정기여형 (DC: defined Contribution)	근로자	회사가 매년 퇴직금을 적립하고, 근로자가 직접 운용
개인형 퇴직연금 (IRP: Individual Retirement Pension)	모든 소득자 가능 (퇴직 일시금 수령한 자, DC, DB 가입자로 추가로 넣으려는 자, 자영업자, 프리랜서 등 소득 있는 자, 공무원, 교원, 군인 등 추가 가능) (단, 소득 없는 경우 가입 불가)	- 퇴직 일시금을 운용하거나 추가 납입 가능 - 본인 직접 관리 - 연 900만 원까지 세액공제

퇴직금에도 원칙적으로 퇴직소득세가 과세 된다. 퇴직 시 원천 징수된 퇴직금을 일시로 지급한다. 그러나 퇴직 후 60일 이내 IRP 계좌에 입금하면 원천 징수된 퇴직소득세를 환급받을 수 있다. 그리고 인출 시까지는 과세하지 않는다. 세금을 한참 뒤로 미루므로 그만큼 절세 효과가 생긴다.

개인연금 - 스스로 더 준비하고 싶다면[40]

개인연금은 조금더 여유로운 노후를 위해서 본인이 선택하여 스스로 준비하는 연금이다. 개인연금에도 국가가 세제 혜택을 부여하고 있다. 개인연금은 소득, 나이 등에 상관없이 누구나 가입이 가능하다. 크게 두 가지로 나뉘는데,

- 연금저축펀드: 납입 시 세액공제를 받고, 수령 시 과세 (3.3~5.5%)
- 연금저축보험: 세액공제 혜택은 없지만, 연금 수령 시 비과세

연금저축펀드, 연금저축보험 비교[42]

		연금저축펀드	연금저축보험
주요 판매사		증권사	보험사
납입 방식		자유적립식	정기납입
납입 단계 세액공제		있음(16.5% or 13.2%)	없음
운용 단계		과세이연	과세이연
인출단계	연금 수령	연금소득세(3.3%~5.5%)[41]	일정요건 충족 시 비과세
	연금외 수령 (일시금 수령)	원리금에 대해 기타소득세 16.5% 과세	가입 기간 10년 미만 시 보험차익에 대해 이자소득세 16.5% 과세
원금 보장		비보장	보장
예금자보호		비보호	보호
특징		수익성 중시	안전성 증시

개인연금은 노후 대비용이기 때문에 가입 기간이 5년 이상이어야 하고, 55세 이후에 10년 이상 연금으로 수령하여야 연금소득세율로 저율과세(3.3%~5.5%) 한다. 주의해야 할 것은 사적연금 소득(연금저축, 개인형 IRP) 연간 수령액이 1,500만 원이 넘으면 수령 금액 전체에 대해 연금소득세에 비해 세율이 높은 종합소득세 (6.6~49.5%)나 분리과세 (16.5%) 중에 선택해야 한다.

IRP와 연금저축 비교

사회초년생이라면 처음부터 연금에 과도한 금액을 넣기보다, 종잣돈 마련을 우선하는 것이 바람직하다. 하지만 ETF에 투자하면서 동시에 세제 혜택까지 받을 수 있다는 점에서, 소득이 생기면 연금저축 → IRP 순서로 조금씩 채워가는 습관을 들이면 좋다.

결국, IRP와 연금저축 모두 노후 대비 계좌이자 ETF를 담을 수 있는 계좌이므로, 20대 때부터 ETF 공부는 필수다.

IRP & 연금저축펀드 비교

	IRP	연금저축(펀드)	비고
가입자격	소득이 있는 자만 가능	누구나 가능	소득 유무
의무가입기간	5년 이상(연금수령 최소 기간 10년)		
투자가능상품	위험자산은 70%까지 가능[43]	위험자산 100%가능	주식,ETF 등 투자 가능 비율
중도인출	특별한 사유(주택 구입, 장기 요양등) 만 인출 가능	일정 조건하에서 중도인출 가능	
입금 가능액	매년 1,800만 원까지 가능(두 계좌 합)		입금 가능액과 세액공제액은 다름.
세액공제한도	연간 최대 900만 원	연간 최대 600만 원	두 개 조합 최대 900만 원[44]
세액공제율 소득범위	근로소득금액 5,500만 원 이하 (종합소득금액 4,500만 원 이하)	공제율 16.5% (최대 148만 5천원)	
	근로소득금액 5,500만 원 초과 (종합소득금액 4,500만 원 초과)	공제율 13.2% (최대 118만 8천원)	

연말정산 로직

총급여	**총급여**
	연봉(급여+상여+수당+인정상여) – 비과세소득

(-) 근로소득공제

근로소득금액	**기본공제**
	본인, 배우자, 부양가족(1명 당 연 150만 원 공제)

(-) 인적공제	**추가공제**
	경로우대 · 장애인 · 부녀자 · 한부모

(-) 연금보험료공제 → 국민연금보험료 등 공적연금 보험료 납부액

(-) 특별소득공제 → 건강보험료 등, 주택자금(주택임차차입금, 장기주택저당차입금)

(-) 그 밖의 소득공제
(+) 소득공제 한도초과액
→ 개인연금저축, 소기업 · 소상공인공제부금, 주택마련저축, 벤처투자조합 출자 등, 신용카드 등 사용금액, 우리사주조합출연금, 고용유지중소기업 근로자, 장기집합투자증권저축(청년층 포함)

종합소득 과제표준

(×) 기본세율(6~45%)

산출세액

과세표준	세율	산출세액 계산
1,400만원 이하	6%	과세표준×6%
1,400만원 초과 5,000만원 이하	15%	84만원+(1,400만원 초과금액×15%)
5,000만원 초과 8,800만원 이하	24%	624만원+(5,000만원 초과금액×24%)
8,800만원 초과 1억5천만원 이하	35%	1,536만원+(8,800만원 초과금액×35%)
1억5천만원 초과 3억원 이하	38%	3,760만원+(1억5천만원 초과금액×38%)
3억원 초과 5억원 이하	42%	9,406만원+(3억원 초과금액×40%)
5억원 초과 10억원 이하	42%	17,406만원+(5억원 초과금액×42%)
10억원 초과	45%	38,406만원+(10억원 초과금액×42%)

(-) 세액감면 및 공제

결정세액
→ 세액감면(중소기업 취업자 소득세 감면 등)
근로소득세액공제
자녀세액공제(8세 이상 기본공제대상자녀, 출산 · 입양)
연금계좌세액공제
특별세액공제(보장성보험료, 의료비, 교육비, 기부금)
납세조합공제
주택자금차입금이자세액공제
외국납부세액공제
월세액세액공제

(-) 기납부세액

차감징수세액

참고: 국세청(2024). 근로자를 위한 연말정산안내

근로자의 연말정산과 환급 구조

월급이 300만 원인 직장인이 있다고 해보자. (1인 가구로 계산)

- 매달 월급에서 근로소득세 56,800원 + 지방소득세 5,680원
  이 빠져나간다.

- 1년 동안 합치면 749,760원의 세금을 미리 낸 셈이다.

국민연금 (4.5%)	126,000	원
건강보험 (3.545%)	99,260	원
ㄴ 요양보험 (12.95%)	12,850	원
고용보험 (0.9%)	25,200	원
근로소득세 (간이세액)	56,800	원
ㄴ 지방소득세 (10%)	5,680	원
월 예상 실수령액	2,674,210	원

연말정산 때 각종 소득공제와 세액공제를 반영해 최종 세금이 50만 원으로 결정된다면, 이미 낸 749,760원 중 50만 원을 제외한 249,760원을 환급받는다. 이 환급금은 보통 2월 급여 때 정산된다.

소득공제에서 챙길 것

소득공제는 '세금을 매길 소득'을 줄여주는 제도다. 즉, 세금을 매기는 기준 금액을 낮춰준다.

- 주거 관련 : 전세·주택담보대출 이자, 주택마련저축 납입액
- 카드 사용액 : 총 급여의 25%를 초과한 금액에 대해 공제

  신용카드 : 15%

  체크카드·현금영수증·도서·신문·영화·공연 : 30%

  전통시장·대중교통 : 40%

세액공제에서 챙길 것

세액공제는 '내야 할 세금'에서 직접 깎아주는 제도다.(보험료·의료비 / 교육비 / 기부금 / 연금계좌 납입액 / 월세)

연금계좌 공제 활용 팁

- 연금계좌(연금저축·IRP)는 대표적인 세액공제 항목이다.
- 하지만 만약 다른 공제를 모두 적용했을 때 이미 결정세액이 0원이라면, 연금계좌로 공제받을 세금 자체가 없다. 이 경우 무리해서 연금계좌를 만들 필요는 없다.
- 연말정산 계산기(예: 한국납세자연맹 사이트)로 자신의 결정세액을 확인하고, 필요한 만큼만 연금계좌를 활용하는 것이 현명하다.

핵심 콕!

20대 투자는 ISA 계좌에서~

20대는 무엇보다 시간이라는 가장 큰 자산을 가지고 있다. 너무 높은 리스크를 지는 투자보다는, 분산 투자와 장기 투자를 통해 꾸준히 자산을 쌓아가는 것이 가장 안전하고 현실적인 방법이다.

거래수수료 절약법
- 온라인·모바일 앱 거래 활용
- 증권사 프로모션(수수료 무료 이벤트) 활용,
  소액거래, 고정 수수료 여부 체크
  → 단, 서비스 품질과 안정성도 고려해야 함
- 단타보다는 장기 투자 지향

ISA 계좌 활용
- 3년 이상 투자 목표일 때 적합 (단기 자금에는 부적합)
- ISA 계좌에서 투자하기 좋은 자산
  : 국내 배당주 및 배당 ETF
  : 국내 상장 해외 ETF

핵심 콕!

→ 기본 투자자는 지수 ETF(KOSPI200, S&P500 등)가 가장 안정적

- 비과세 혜택: 연소득 5,000만 원 이하라면 비과세 한도를 400만 원까지 활용 가능(증권사 문의)
- 해외 계좌에서 250만 원 공제를 잘 활용하는 투자자라면 3년 기준으로 누적 수익금이 대략 1,200만 원 미만이면 해외 직접 투자가 ISA보다 유리하다

연금계좌 활용

- ISA 계좌 활용하면서, 나중에 연금계좌(IRP, 연금저축)도 ETF 중심 운용 가능. 단, 연금계좌는 55세 이후 인출 가능하므로, 무리하지 않고 작게 시작하는 것이 좋음.

20대 노후는 국민연금, 퇴직연금 기본 개념부터

소득이 없는 학생이라면?

- 노후 대비 금융상품에 가입할 필요 없음.
- 국민연금 임의가입은 가능, 학업 중에는 미래 소득을 높이기 위한 노력과 생활비 마련이 우선

본격적인 소득 활동을 시작하면?

- 기본 베이스: 국민연금 & 퇴직연금
  - 국민연금: 직장인이 되면 자동 가입. 개인사업자도 가능하면 가입하는 것이 좋음.
  - 퇴직연금(DC/DB형): 회사가 마련해주는 노후 자금+개인 추가 운용 가능(IRP). 회사에서 제공하는 제도를 이해하고 활용.
  - 개인연금(연금저축/연금보험): 여유 생기면 세제 혜택 활용

    연금저축펀드: 납입 시 세액공제, 저율과세

    연금저축보험: 납입 시 세액공제 없음, 비과세

핵심포인트

- 소득이 낮을 때는 노후 대비 무리할 필요 없음.
- 소득이 늘어나면 연금저축을 600만 원 채우고, IRP 추가 300만 원 가입 고려.
- 젊을수록 연금저축 계좌에서 금융상품 선택은 ETF등 주식형으로 가는 추세임.
- 기본 생활비 & 비상금 확보 후 장기 투자 개념으로 접근.
- 내 연금을 확인하고 싶으면 '금융감독원 → 파인 → 통합연금포털 → 내연금 조회'를 통해 살펴볼 수 있음.

PART 4

금융 생활의 핵심 근육, 신용과 대출

대출은 미래의 소득을 미리 당겨쓰는 것이다.
그 돈으로 더 큰 가치를 만들 수 있다면 좋은 대출이고,
가치를 남기지 못하고 사라지는 소비에 쓰인다면 좋지 않은 대출이다.

Chapter 6

신용

신뢰를 쌓는 첫걸음

신용, 매일 쓰는 '믿음의 돈'

신용이란 말 그대로 '믿음'이다. 일상에서 경제적 의미로 신용을 많이 사용하고 있다. 예전에는 마트에 가서 물건을 직접 보고 물건과 현금을 직접 교환했다. 그러나 지금은 먼저 물건을 받고 나중에 지불하는 거래도 많아졌다. 이런 거래는 내가 나중에 돈을 제대로 낼 거라는 신뢰가 전제되어야 한다. 나를 믿고 먼저 사용하게 하고 나중에 지불하는 후불거래가 신용거래이다.

다음의 거래에서 신용사용이 아닌 것은?

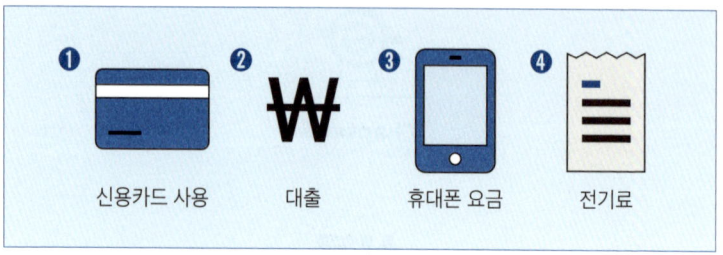

❶	❷	❸	❹
신용카드 사용	대출	휴대폰 요금	전기료

→ 정답: 모두 신용거래이다.

신용카드도 먼저 사용하고 그다음 달에 지불한다. 대출도 미리 사용하고 갚아 나간다. 휴대폰 요금도 선불폰을 제외하고 이번 달에 쓰고 그다음 달에 지불한다. 관리비도 후불이다. 얼마큼 썼는지 알아야 쓴 만큼 지불하니까 후불제다. 이렇게 우리는 신용을 바탕으로 살아가는 사회에 살고 있다.

내 돈 VS 미래 돈, 나에게 맞는 카드 찾기

지갑에 들어있는 카드를 보자. 신용카드인가 체크카드인가? 모두 꺼내서 한번 구분해 보자. 가로 85.6mm, 세로 53.98mm 발급회사, 국가, 브랜드 상관없이 크기가 모두 동일하다. 그러나 체크카드와 신용카드는 큰 차이가 있다.

체크카드	통장 잔고 내에서 물건을 살 때마다 내 통장에서 직접 결제되는 카드이다. (내 돈을 쓰는 카드) (계좌 잔액을 체크해서 지불한다는 의미)
신용카드	통장에 돈이 없어도 카드사에서 부여한 한도만큼 카드사가 비용을 먼저 지불하고 다음달에 그 금액을 카드사에 상환하는 카드이다.(미래의 돈을 쓰는 카드)

신용카드 vs 체크카드

자 그럼 좀 더 자세하게 신용카드와 체크카드의 차이점을 살펴보겠다.

체크카드와 신용카드 비교

	체크카드	신용카드
사용 가맹점	신용카드 가맹점	신용카드 가맹점
이용 한도	예금 잔액	신용 한도액
대금 결제	물품 구매와 동시	신용공여기간 경과 후
할부 구매	불가능	가능
현금 서비스(단기카드대출)	불가능	가능
카드론(장기카드대출)	불가능	가능
리볼빙(일정비율만 결제)	불가능	가능

두 카드 모두 카드 가맹점에서 사용 가능하다. 체크카드도 신용카드사의 금융상품이기 때문이다. 체크카드는 통장 잔고 내에서만 구매 가능하다. 통장에 10만 원이 있으면 10만 원까지 사용 가능하고 결제할 때 통장에서 바로바로 빠져나간다. 통장 잔고가 넘어서면 결제할 때 잔고 부족으로 거래가 이루어지지 않는다.

반면, 신용카드는 카드사에서 부여한 한도만큼 돈이 없어도 사용 가능하다. 1만 원, 2만 원, 3만 원 신나게 사고, 다음 달 결제일에 한꺼번에 갚는 카드이다. 그러니 체크카드는 내 통장에 내 돈 쓰는 카드이고, 신용카드는 빚 카드, 대출 카드라 할 수 있다.

신용카드에만 있는 서비스?

체크카드에는 없고, 신용카드에만 있는 서비스 아닌 서비스가 있다. 할부, 현금서비스, 카드론, 리볼빙 등 신용카드에는 다양한 편의 서비스를 제공하지만, 높은 이자가 숨어 있다.

① 할부서비스: 체크카드는 할부가 안 된다. 신용카드는 할부가 가능하다. 단 주의 사항. 할부도 엄연히 수수료가 있는 서비스다. 뭐좀 많이 샀다고 3개월로 해주세요! 외치지 말고, 무이자할부가 되는지를 확인한다. 온라인 결제 시 3개월(무)라고 쓰여 있어야 무이자 할부이다.

② 현금서비스(단기카드대출): 2015년 1월부터 단기 카드 대출로 명칭이 바뀌었으나 아직도 현금서비스라고 많이 불린다. 신용카드 회원에게 현금을 빌려주는 단기 소액 신용 대출이다.

③ 카드론(장기카드대출): 신용카드를 사용하는 고객에게 현금서비스보다는 조금 더 많은 금액을 장기 대출해 주는 대출 상품이다.

④ 리볼빙[45](일부결제금액 이월약정): 연체 가능성이 있을 경우, 신용카드 사용 대금 중 일부만 갚고, 나머지 결제 금액은 나중으로 미룰

수 있는 서비스이다. 신용카드 이용 금액중 원하는 비율만큼만 갚고 나머지는 모두 다음으로 이월시키니 당장 연체를 막을 수는 있다.

현금서비스, 카드론, 리볼빙은 사용 시 사용 이자가 높고(최소 8%~ 최대 연 20%)[46], 자주 사용 시, 신용점수에 좋지 않게 반영되므로 주의해야 한다. 그러나 서비스 수수료가 최대 20%이기 때문에 수익을 많이 내주는 서비스니까, 카드사 입장에서는 많이 써주면 땡큐인 서비스이다. 서비스 수수료가 엄청 비싼 건 알고 쓰자.

신용점수가 높은 사람이 현금서비스, 카드론, 리볼빙서비스 사용하면 수수료가 낮은가? 아래의 표처럼 신용점수가 높은 사람이 써도 수수료율이 엄청 높다.

구분	900점 초과 ▲▼	801점~ 900점 ▲▼	701점~ 800점 ▲▼	601점~ 700점 ▲▼	501점~ 600점 ▲▼	401점~ 500점 ▲▼	301점~ 400점 ▲▼
경남은행	14.85	16.91	17.73	18.44	18.71	18.89	-
광주은행	14.09	16.59	17.92	18.95	19.27	19.50	19.60
롯데카드	14.64	16.42	18.08	19.22	19.68	19.66	19.77
부산은행	16.45	17.55	18.38	18.57	18.65	18.54	17.95

현금서비스 신용점수별 수수료율

구분	900점 초과 ▲▼	801점~ 900점 ▲▼	701점~ 800점 ▲▼	601점~ 700점 ▲▼	501점~ 600점 ▲▼	401점~ 500점 ▲▼	301점~ 400점 ▲▼
롯데카드	11.27	12.75	15.50	18.12	19.55	-	-
부산은행	11.43	12.38	14.00	15.54	-	-	-
비씨카드	11.92	14.68	16.71	18.83	-	-	-
삼성카드	11.07	11.44	14.25	17.29	18.92	-	-

카드론 신용점수별 수수료율

구분	900점 초과 ▲▼	801점~ 900점 ▲▼	701점~ 800점 ▲▼	601점~ 700점 ▲▼	501점~ 600점 ▲▼	401점~ 500점 ▲▼	301점~ 400점 ▲▼
비씨카드	14.12	16.67	18.44	19.31	19.71	19.66	19.51
삼성카드	14.49	15.34	16.46	17.34	17.88	18.31	18.43
신한카드	13.78	16.48	17.81	18.52	18.79	19.07	19.19

리볼빙 신용점수별 수수료율

(참고: 여신금융협회 공시정보포털, 신용카드상품 비교공시 참고 2025.10.9 게시 기준)

정리하면, 체크카드는 소비 통제와 지출 관리에 유리하고, 신용카드는 무이자 혜택이나 실적 할인 등에 유리하다. 그러나 신용카드는 지출이 늘어날 가능성이 커지므로, 일시불 위주로 사용하고, 카드 한도 절반 이하로 사용하고, 결제일 전 자동이체를 반드시 해 놓는 것이 좋다.

나에게 맞는 신용카드, 체크카드 고르기

신용카드는 종류도 많고, 단종되는 카드도 많으며, 새로 출시되는 카드도 계속 생긴다.

① 나에게 신용카드, 체크카드 중 어느 것이 더 적절한지 판단한다.
 → 소비 습관, 월 소득, 지출 통제력 등을 고려하자.
② 카드고릴라나 포털사이트에 신용카드, 체크카드 추천 검색한다.
 → 혜택, 연회비, 전월 실적, 할인, 한도 등을 확인해 본다.

어차피 한두 장은 쓰게 되는 카드라면, 내게 가장 유리한 카드인지 확인하는 것도 중요한 금융상품 선택이다. 단, 혜택받으려고 일부러 더 많이 쓰는 건 절대 금물이다. 그건 혜택이 아니라 지출 증가일 뿐이다.

혜택은 챙기되, 지출은 통제하는 것 – 이게 바로 카드 고수다!

나에게 맞는 카드 찾기 사이트

숫자로 평가받는 나, 신용점수의 진실

신용점수의 비밀

고등학생 때까지는 주로 친구나 가족과의 인간관계 안에서 돈거래를 해왔지만, 성인이 되어 사회생활을 시작하면 금융기관과 본격적인 돈거래를 하게 된다. 그렇다면 금융기관도 당연히 '이 사람이 돈을 잘 갚을 수 있을까?'를 평가하려고 한다.

우리나라에서 개인의 신용을 평가하는 대표적인 회사[47]는 코리아 크레딧뷰로KCB와, NICE 평가정보이다. 이런 신용평가 회사들은 회원사들로부터 수집한 정보를 바탕으로 신용점수를 만든다.

두 회사는 자체 회원사에서 대출정보, 연체정보, 카드 발급 정보를 모으고, 대부업체에서 돈 빌린 정보, 일반 회원사(정보통신업 포함) 연체정보, 공공기관(법원, 국세청 등) 세금 체납 정보 등의 정보와 채무 조정된 정보 등 개의 신용을 판단하는 데 필요한 정보를 수집한다. 수집한 정보로 돈을 빌려주면 1년 안에 90일 이상 연체 가능성 등을 산출하여 신용점수로 제공한다.

금융기관에서는 고객의 소득, 각 은행과 거래한 실적 등 자체 보유 정보와 더불어 NICE나 KCB의 데이터를 참고하여 대출 가능 여부, 적용 금리, 카드 발급 여부 등을 결정하는 데 활용한다.

개인의 신용평가 내용은 부채 상환이력, 부채수준, 신용거래기간, 신용형태, 비금융 정보로 이루어진다. 그러나 평가 비율은 각 회사의 철학 등에 따라 신용점수 점수 비율을 다르게 산정하고 있다. 점수 카테고리별로 살펴보자.

개인신용 평가 요소 및 비중

	평가요소 상세 내용	NICE 평가정보	KCB
상환이력	현재 연체 및 과거 채무 상환 이력	28.4%	21%
부채수준	현재 보유한 부채, 증가 여부, 상환 등	24.5%	24%
신용거래기간	신용카드/대출거래를 해온 거래 지속 기간	12.3%	9%
신용형태	신용카드, 체크카드 사용 방식, 현금서비스, 카드론, 리볼빙 이용 여부	27.5%	38%
비금융정보	비금융/마이데이터(통신요금, 성실납부 실적 등)	7.3%	8%
계		100%	100%

(2025. 10 기준 각 증권사 상품 공시실 - 수수료 참고)

연체 여부가 신용점수 평가에서 굉장히 중요하다. 그리고 금리가 낮은 대출은 신용점수에 크게 영향이 없다. 그러나 고금리 대출 등은 신용점수에 (‒)영향이 있다.

또한 신용카드 체크카드 사용 여부도 제법 많은 평가 비중을 차지한다. 매달 연체 없이 잘 사용하는지 살펴보기 좋은 데이터이기 때문이다. 특히 KCB의 경우 현금서비스, 카드론, 리볼빙 이용 시 신용점수에 (‒)영향을 미친다.

겉으로 보면 '재산 많고, 소득 많고, 대출 없는 사람'이 신용이 좋아 보인다. 하지만 신용점수는 +정보(예: 소득, 재산)보다 (‒)정보(예: 연체, 대출 사용, 카드 이용 등) 중심으로 평가된다.

그래서, 대출도 안 받아보고, 카드도 거의 안 쓰는 대학생이나 사회초년생은 신용점수를 산정할 데이터 자체가 부족해서 낮은 점수를 받을 수 있다. 이 때문에 1금융권 대출이 어려운 경우도 생긴다. 그래서 비금융 정보, 학자금 대출, 휴대폰 요금 등 성실 납부 실적 등을 반영하기 시작했다.

내 신용점수는 어떻게 확인할 수 있을까?

요즘은 토스, 카카오페이, 네이버페이 앱만 켜도 내 신용점수를 쉽게 조회할 수 있다. 두 개의 점수가 나오는데, 하나는 KCB코리아크레딧뷰로, 다른 하나는 NICE 평가정보에서 제공하는 점수다. 두 점수가 다른 이유는, 두 회사가 신용을 평가하는 기준과 방식이 서로 다르기 때문이다.

대학생들과 수업 시간에 함께 조회해보면, 대부분 700점 후반에서 800점 초반이 기본값으로 나온다(1,000점 만점). 좀 더 자세히 확인하고 싶다면 NICE지키미나 올크레딧All Credit 홈페이지에서 무료로 조회할 수 있다. 신용점수는 조회한다고 신용점수가 떨어지지 않으니, 가끔 확인해 보면서 평소 신용관리를 하면 좋겠다. '신용점수 올리기' 버튼을 누르면, 알아서 점수를 올릴 것을 찾아서 자동으로 올려준다.

내 신용점수 확인하기

간단하게 점수만 조회	자세히 조회
네이버 페이, 토스 앱 (신용점수, 신용관리로 검색) NICE, KCB 점수 나옴	NICE 평가정보 NICE지키미 KCB 올크레딧(All Credit)

(예시)
내 신용점수

KCB	NICE
938점 > 상위 30%	**990점** > 상위 5%

신용점수 올리기　　　　　>

신용점수 올리는 생활 루틴

'나는 대출 받을 일 없을 거야'라고 생각할 수 있다. 하지만 혹시 모를 상황에서 필요한 만큼, 안전하게, 저금리로 돈을 빌리기 위해서라도 신용관리는 꼭 필요하다.

신용점수는 그냥 숫자가 아니다. 평소 신용점수를 잘 관리하면, 안전한 금융환경에서 내가 필요한 만큼, 저금리로 안전하게 빌릴 수 있다. 그러나 평소 신용관리를 잘 못하여 1금융권을 넘어서는 대출을 하는 순간 우리의 금융환경은 생각보다 안전하지 않다.

안전한 금융환경에 나를 갖다 놓자!

평소 개인 신용점수 관리법

❶ 절대 연체하지 않는다.

❷ 1금융권 순, 저금리 순으로 빌린다.

❸ 신용카드, 체크카드를 건강하게 이용한다.

❹ 현금서비스, 카드론, 리볼빙은 가급적 이용하지 않는다.

❺ 비금융 정보를 업로드 시켜놓는다.

연체하면 벌어지는 일들

우리가 친구나 가족과 돈거래를 할 때 약속을 잘 지켜야 하지만, 조금 늦게 갚아도 큰일이 생기지 않는다. 그러나 금융권에서 빌린 채무를 제때 갚지 않은 경우는 상상하지 못했던 문제가 생기기 시작한다.

하루만 연체해도 문자가 오고, 일주일 정도 지나면 독촉 전화가 오기 시작한다. 채무자보호법으로 7일에 7회로 제한되긴 했지만 말이다. 그리고, 추심업자가 집 앞, 학교 앞, 회사 앞에 방문한다. 그리고, 몇 달 뒤 금융기관이 채무자에게 돈을 받기 위해 법원에 제출하는 지급명령서 편지를 받을 수도 있다. 지급명령서를 받고 2주 안에 이의제기를 하지 않으면 압류가 시작되는 편지이다. 내 통장에 내 돈을 찾을 수 없게 통장 가압류를 시켜놓기도 한다. 그러면 취업해도 내 통장에 내 돈을 못 찾으니, 취업에 소극적이고, 삶의 의욕 저하, 가정불화, 반복적인 금융 고립 등 삶 전체가 힘들어질 수 있다.

얼마를 연체해야 문제가 될까?

연체라고 보는 액수가 생각보다 크지 않다. 단기 연체, 장기 연체로 나뉘는데, 단기 연체는 10만 원 이상 5영업일 이상 연체하면 다 갚아도 신용점수에 활용하는 기간이 3년이나 된다. 장기 연체는 3개월 이상 연체되었을 때를 말하는데 100만 원 이하 연체가 2건 이상이거나, 100만 원 초과된 연체가 1개만 있어도 다 갚아도 신용점수에 활용하는 기간이 5년이나 된다.

단기 연체도 연체 이력으로 남아 금융권에 공유되고 신용평가사의 평가에 활용될 수 있기 때문에 연체되지 않도록 신경 써야 한다. 연체로 보는 액수가 크지 않고, 기간도 짧아서 그냥 내 인생에 연체는 없다고 생각해야 한다.

신용평점에 영향을 주는 연체정보

	연체 1건 이상	
단기연체	10만 원 이상 & 5영업일 이상 연체 (활용 기간: 변제 후 3년(NICE, KCB))	
	연체 1건	연체 2건 이상
장기연체	100만 원 초과 & 3개월 이상 연체	100만 원 이하 & 3개월 이상 연체
	(활용 기간: 변제 후 5년)	

(참고, KCB, NICE 개인신용평점체계 공시)

핵심 콕!

20대 신용 관리 방법

- 가끔 신용점수 확인하여, 비금융 정보 신용점수를 올려놓는다.
- 20대는 평가할 내용이 없어 신용점수가 나오지 않는 것이다.
- 신용점수를 올리려고 굳이 20대부터 신용카드를 사용할 필요는 없다.
- 은행권 대출이 어렵다고 고금리 대출을 일으키지 말자.
- 신용카드를 사용하더라도 체크카드처럼 사용한다.
- 신용카드는 혜택보다 습관 관리가 더 중요하다.
- 신용사회를 살아가는 우리들은 내 인생에 연체는 없다고 생각해야 한다.
- 휴대폰 요금도 연체하지 않도록 한다.

신용은 갑자기 필요해도 갑자기 생기지 않는다.
20대라 하더라도 천천히 꾸준히 잘 쌓아야 한다.

Chapter 7

대출의 기초 체력 만들기

신용회복위원회에서 근무할 당시, 나는 대출 연체로 어려움을 겪는 분들을 상담했다. 상담 중에도 걸려 오는 독촉 전화, 연체로 인한 독촉 편지를 꺼내시고, 가족이 해체되는 안타까운 이야기들을 접했다. 20대였던 나는 단순히 '대출은 무조건 나쁜 것'이라고 생각했다. '돈을 잘못 빌리면 큰일 나겠구나', '내 인생에 대출은 없다' 이렇게 다짐했다. 그러나 지금 돌이켜보면, 그 생각은 반쪽자리 정답이었다.

대출은 꼭 나쁜 걸까?

대출은 미래의 소득을 미리 당겨쓰는 것이다. 그 돈으로 더 큰 가치를 만들 수 있다면 좋은 대출이고, 가치를 남기지 못하고 사라지는 소비에 쓰인다면 좋지 않은 대출이다.

다음은 대출과 관련된 몇 가지 사례이다. 어떤 대출이 좋은 대출이고, 어떤 대출이 그렇지 않은지 판단해 보자.

❶ 진영이의 새 차 구매
사회인이 된 기념으로 60개월 할부로 새 차를 살지 고민 중이다.

❷ 대학원 진학
집에서는 반대하지만, 2년 동안 대학원에서 공부하면 원하는 곳에 취업할 수 있을 것 같다. 학자금 대출을 받을까?

❸ 주택 구입
집값의 30% 정도는 대출 받아도 갚을 수 있을 것 같은데, 대출 받아 아파트를 살까?

❹ 생활비 부족
당장 생활비가 부족해서 카드론으로 메꿀까?

이제 위 사례를 하나씩 살펴보자.

① 신입사원의 새 차 구매

자동차는 시간이 지날수록 가격이 떨어지는 감가상각 자산이다. 게다가 보험료, 유지비, 세금 등 추가 비용도 적지 않다. 출퇴근이나 사업상 꼭 필요한 것이 아니라면, 사회초년생이 큰 대출을 끼고 차를 사는 건 무리다.

→ 가치를 만들지 못하고 비용만 늘어난다면 좋지 않은 대출이다.

② 대학원 진학을 위한 학자금 대출

졸업 후 연봉 상승이나 취업이 확실하다면 괜찮은 선택이 될 수 있다. 하지만 단순히 불안해서 피난처처럼 진학을 결정하는 건 좋지 않다.

→ 미래 소득을 늘릴 가능성이 크다면 좋은 대출이라 할 수 있다.

③ 집을 사기 위한 주택담보대출

어느 정도 종잣돈을 모은 상태에서 감당할 수 있는 범위 내에서 대출받아 집을 구매하는 것은 괜찮은 선택이다. 주택은 단순한 투자를 넘어 주거 안정이라는 중요한 가치를 제공하며, 물가 상승을 방어하는 자산 역할도 한다. 하지만 영끌처럼 무리한 대출은 주의해야 한다.

→ 월 상환액이 감당할 수 있는 범위 내라면 괜찮은 대출이 될 수 있다.

④ 생활비 부족으로 카드론 사용

카드론의 금리는 최대 연 20%에 달한다. 단기적으로 문제가 해결되는 것처럼 보이지만, 이후 더 큰 부담으로 돌아온다. 연체되면 신용점수도 급격히 떨어진다.

→ 생활비를 고금리로 메우는 건 좋지 않은 선택이다. 급하게 돈이 필요할 수 있으므로 따로 특별지출 통장을 만들어 놓는 것이 좋다.

GOOD DEBT

경제적으로
보다 많은 가치 증대가
기대되는 부채

BAD DEBT

구매 즉시 소비되어 가치를
상실하거나 가치가 급락하고,
높은 이자를 물어야 하는 부채

정리하자면 대출 자체가 나쁜 것이 아니라, 대출을 통해 이루어지는 행동이 가치가 있는지가 중요하다. 가치 있는 행동이라면 좋은 대출이고, 그렇지 않다면 위험한 대출이다. 부자들은 대출을 활용해 더 큰 가치를 창출하지만, 부채로 어려움을 겪는 사람들은 대체로 생활비 부족이나 고금리 대출로 인해 미래가 더욱 팍팍해지는 경우가 많다. 대출을 고려할 때는 반드시 미래의 소득을 당겨서 하는 대출이 가치가 있는지를 생각해야 한다.

돈은 어디서 빌리나?

학생 때를 떠올려보자. 우리는 보통 친구들에게 돈을 빌렸다. "친구야, 만 원만 빌려줘. 다음 주에 줄게." 그런데 제때 잘 갚는 친구도 있지만, 한참 지나서야 겨우 갚는 친구도 있었다. 이렇게 경험이 쌓이면 누구에게 돈을 빌려줄지 판단하는 기준이 생긴다. 본격적으로 성인이 되어 사회생활을 시작하면, 우리는 친구 대신 금융기관에서 돈을 빌리게 된다.

3장에서 이야기 했듯이, 은행법[48]에 따르면 은행의 가장 큰 역할은 대출이다. 돈을 빌릴 때는 1금융권 → 2금융권 → 3금융권[49] 순으로 알아봐야 한다. (은행권 정리는 chapter 3 참고) 대출이 필요하면 은행으로 가자. 바꿔 말하면, 문자나 전화로 '저금리 대출 가능'이라는 광고는 사기이므로 주의해야 한다. 절대 문자, 전화로 싸게 대출해 준다고 해도 속지 말자!

대출 상품, 어떤 게 있을까?

담보대출과 신용대출

우리가 돈을 빌릴 때는 은행에 간다고 했다. 그렇다면 은행도 잘 갚을 수 있는 사람인지를 열심히 따질 것이다. 돈을 빌려주고 못 받을 수도 있기 때문에, 물건을 맡기고 돈을 빌려주는 방법도 있을 거고, 믿을 수 있는 사람이면 사람을 믿고 빌려줄 수도 있을 것이다. 그 생각을 하면서 대출 종류를 살펴보면 크게 돈 되는 물건을 잡고 돈을 빌려주는 담보대출과 담보 없이 사람을 믿고 돈을 빌려주는 신용대출로 나눌 수 있다.

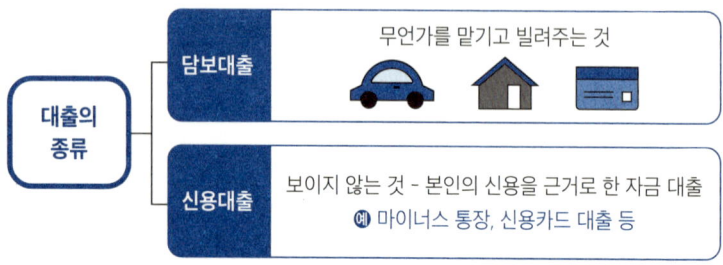

대출의 종류

- **담보대출**: 무언가를 맡기고 빌려주는 것
- **신용대출**: 보이지 않는 것 - 본인의 신용을 근거로 한 자금 대출
  예) 마이너스 통장, 신용카드 대출 등

- **담보대출**: 금융기관은 돈을 빌려주고 못 갚을 경우, 돈 되는 것을 맡기고 빌려주면 안심이 될 것이다. 대출을 해주고 혹시 못 갚는다면 담보로 잡은 물건들을 팔아서 현금화할 수 있는 대출이 담보대출이다. 여기서 담보란, 대출 회수의 확실성을 높이기 위하여, 가지고 있으면 돈 되는 것을 생각하면 된다. 가장 돈이 되는 것은 역시 집! 주택담보대출이다. 집 외에도 자동차, 청약통장, 보험 등이 돈 되는 것들이다.
- **신용대출**: 담보 없이 온전히 나라는 사람의 신용을 바탕으로 돈을 빌려주는 것을 신용대출이라고 한다. 과거에는 내가 못 갚으면 다른 사람이 대신 갚아주는 연대보증이 있었다. 지금은 폐지되고 보증보험으로 대체되는 경우가 많다.

담보가 있는 대출은 연체가 된다 해도 회수될 수 있는 물건이 있으니, 신용대출에 비해 대출금리가 더 낮다. 신용대출은 사람의 신용에 따라서 대출금리가 달라진다.

기간으로 대출을 나누자면, 장기대출, 단기대출로도 나눌 수 있다. 일반적으로 담보대출은 장기대출이고, 신용대출은 보통 1년 만기로 설정된 후 연장하는 방식이다.

대출금리 이해하기

대출금리는 어떻게 결정될까? 대출금리는 기준금리와 가산금리로 결정된다.

> 대출금리 = 기준금리 + 가산금리

- **기준금리**: 한국은행이 발표하는 금리, 모든 금융권의 대출금리 산정의 기본.
- **가산금리**: 금융기관이 자체적으로 설정하는 추가금리, 업무원가, 법적 비용, 신용점수, 담보 여부 등이 반영(우대금리: 신용카드, 자동이체, 급여이체, 예금거래, 전자금융거래 등을 이용하면 금리를 낮출 수 있다.)

은행 예, 적금금리도 그렇지만, 모든 금융권의 대출금리는 금융기관마다 다르므로, 여러 곳을 비교하여 가장 낮은 금리를 찾는 것이 중요하다.

우리나라 주요 기준금리

구분	발표기관	내용
COFIX	은행연합회	은행연합회가 국내 주요 8개 은행의 자금조달 관련 정보를 기초로 산출하는 자금조달비용지수
CD금리	금융투자협회	양도성 예금증서(CD)의 유통수익률 (3개월 CD금리 대표적임)
금융채 금리	신용평가회사	금융기관이 발행하는 무담보 채권의 유통 금리

(은행연합회 https://portal.kfb.or.kr/compare/loan.php 참고)

대출금리도 손품, 발품을 팔아야 한다

대출금리를 비교할 때는 금융감독원의 금융정보포털 사이트인 파인-'금융상품 한눈에' 서비스를 이용하면 전국 은행들의 대출금리 를 한눈에 볼 수 있다. 은행뿐만 아니라 저축은행, 보험사 대출 상품까지 비교할 수 있다. 파인을 이용하면 정보 검색 시간을 확 줄일 수 있으니 꼭 알아두자.

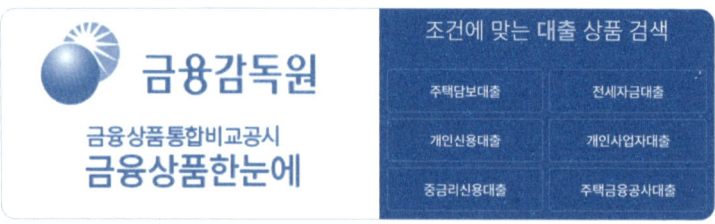

대출금리 비교 사이트

가장 최저가 금융기관 몇 군데를 빠르게 찾고, 발품을 팔면 최저 금리의 대출을 빌릴 수 있을 것이다. 주거래 은행이 대출이자가 더 싸지 않을 수 있으니, 검색해서 저렴한 대출금리 은행 찾고, 주로 가는 은행도 한번 가보자. 대출액이 커서 0.1% 금리도 크다.

대출에도 순서가 있다

대출금리부터 확인하자

막상 돈이 급하게 필요해지면, 어디서부터 어떻게 알아봐야 할지 막막할 수 있다. 하지만 대출에도 순서가 있고, 그 순서를 지키는 것이 안전하고 합리적인 대출의 첫걸음이다. 대출은 어디에서 받느냐에 따라 금리가 크게 달라진다. 금리가 높아질수록 내가 갚아야 할 금액도 눈덩이처럼 불어나므로, 순서를 잘 따져야 한다. 이 장에서는 신용대출을 이야기하겠다.

아래 참고 자료에서 신용점수가 900점 초과하는 경우 1금융권 은행권과 저축은행 금리를 살펴보자. 900점 넘는 사람이 1금융권에서 내 신용으로 신용대출을 받는 경우 금리가 현재 4% 정도이다 (2025.10 기준). 그런데 900점 넘는 사람이 저축은행에 가서 돈을 빌리면 대출금리가 10~16%이다. 즉 대출에도 순서가 있다. 당연히 1금융권 먼저 가서 대출을 받는다. 또한 금융권별 대출금리가 모두 다르므로 여러 금융기관을 비교해 보고 저금리로 대출을 받아야 한다.

금융 회사	대출 종류	금리 구분	900점 초과	801~ 900점	701~ 800점	601~ 700점
국민은행	일반신용대출	대출금리	4.09%	4.58%	5.05%	5.56%
수협은행	일반신용대출	대출금리	4.67%	5.05%	5.19%	-
주식회사 카카오뱅크	일반신용대출	대출금리	4.46%	4.99%	5.68%	6.30%

금융 회사	대출 종류	금리 구분	900점 초과	801~ 900점	701~ 800점	601~ 700점
디비저축은행	일반신용대출	대출금리	10.71%	11.43%	12.04%	12.85%
한국투자저축은행	일반신용대출	대출금리	13.97%	13.42%	13.14%	14.19%
키움예스저축은행	일반신용대출	대출금리	14.33%	13.23%	13.69%	14.21%

(참고: 금융감독원. 금융상품한눈에. 개인신용대출. 2025.10.9 기준)

내 상황에 맞는 대출 우선순위 살펴보기

먼저, 내 신용점수부터 확인해야 한다. 신용점수가 높고, 정기적인 소득이 있다면 1금융권 은행에서 대출받는다. 하지만 소득이 없는 대학생일 때, 취준생일 때 1금융권 대출이 어렵다면, 바로 2금융권으로 넘어가지 말고, 정부의 청년정책 대출 상품을 먼저 살펴야 한다.

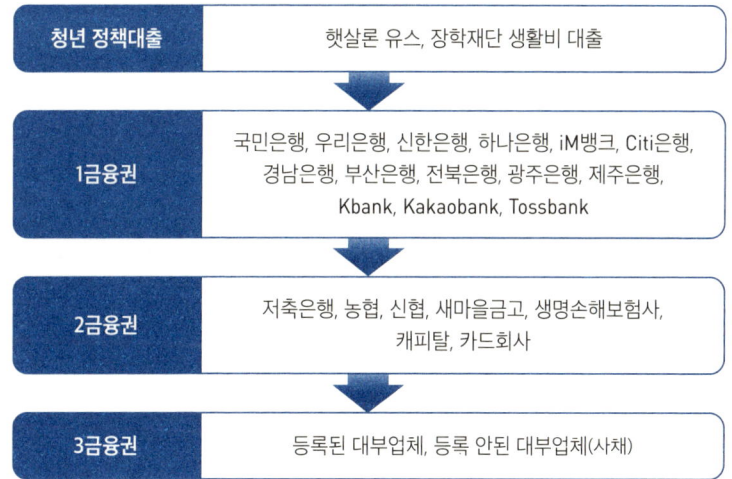

대출의 순서

청년 정책대출	햇살론 유스, 장학재단 생활비 대출
1금융권	국민은행, 우리은행, 신한은행, 하나은행, iM뱅크, Citi은행, 경남은행, 부산은행, 전북은행, 광주은행, 제주은행, Kbank, Kakaobank, Tossbank
2금융권	저축은행, 농협, 신협, 새마을금고, 생명손해보험사, 캐피탈, 카드회사
3금융권	등록된 대부업체, 등록 안된 대부업체(사채)

청년을 위한 정책 대출

　정부 정책 대출의 기본 컨셉은 이렇다. "1금융권에서 빌릴 수 있는 사람은 빌리고, 1금융권에서 대출받기 어려운 사람에게, 정부가 보증을 서줄 테니 중금리 이자 수준으로 빌려주겠다"는 취지다. 대부분 금리는 중금리 수준 10% 정도로 신용점수가 낮은 경우의 일반적인 2금융권 대출보다 저렴하다.

　청년은 더 유리한 선택지가 있다. 예를 들어, 대학생이라면 한국장학재단의 생활비 대출, 사회초년생이나 취준생이라면 햇살론 유스를 우선적으로 고려할 수 있다. 이 상품들은 이자도 적고, 상환 방식도 유연해 부담이 덜하다.

장학재단의 학자금 대출

학자금 대출은 경제적 형편과 관계없이 누구나 고등교육 기회를 가질 수 있도록 학자금을 지원하는 정책이다. 2005년 2학기부터 정부보증 방식으로 개편되었고, 2009년부터 한국장학재단이 설립되어 학자금 대출제도가 운영되고 있다. 이름은 장학재단이지만, 장학금 업무 외 학자금 대출 업무도 비중이 높다.

학자금 대출을 받고 본인이 갚아나가는 경우가 많기 때문에 학자금 대출 종류(취업 후 상환, 일반상환, 농어촌 학자금 대출) 3가지 중 나에게 유리한 방식으로 대출받는 것이 중요하다. 참고로, 학자금 대출을 받지 않아도 학기 중 생활비 대출은 가능하다.

- 취업 후 상환 학자금 대출: 일정 소득이 생기면 갚기 시작하는 방식(소득 8분위 이하라면, '취업 후 상환 대출'이 유리)
- 일반상환 학자금 대출: 이자만 내다, 일정 기간 후 원금+이자 갚는 방식(모든 대학생 신청 가능)
- 농어촌 학자금 대출: 농어촌 출신 학생 무이자.

취업 후 상환과 일반상환 학자금 대출 비교

	취업 후 상환 학자금 대출	일반 상환 학자금 대출
신청대상	대학생 소득 구간 8구간 이하 (학부생만 35세 이하) (대학원생 대출 가능: 만 40세 이하)	모든 대학생(55세 이하) (대학원생 대출 가능)
등록금 대출	등록금 전액	등록금 전액 대학(전문대 포함) 4천만 원 5, 6년제 및 대학원 6천만 원
생활비 대출상한액	학기당 200만 원 한도	학기당 200만 원 한도
상환방법	취업 후 일정기준 이상 소득 발생 시 의무적 상환(국세청을 통한 상환) 또는 본인의 의사에 따른 자발적 상환	최장 20년 거치기간(이자 납부) 10년 + 상환기간(이자+원금 납부) 10년 이내에서 선택 (원리금균등, 원금균등분할 중 선택)
금리	2025년 2학기 현재 1.7% 변동금리	2025년 2학기 현재 1.7% 고정금리

서민금융진흥원의 햇살론 유스

대학생, 취준생들은 1금융권 대출이 어렵다.[50] 직장도 없고, 신용카드도 없고, 신용점수도 높지 않기 때문이다. 그래서 서민금융진흥원이 대신 청년을 위해 보증을 서주고 은행이 대출을 해주는 상품이다. 대학생, 휴학생, 취준생, 사회초년생까지 소득이 낮아도 신청 가능하다.

신청은 비대면으로 서민금융진흥원 앱을 통해 신청해야 한다. 기본 자격 요건 확인하고 보증 신청과 금융교육도 이수해야 한다. 필요 서류를 제출하면 보증 심사가 이루어지고 승인되면, 약정 체결을 하는데 협약 은행 (광주, 기업, 신한, 전북, 하나은행, 토스)중 우대 서비스 등을 비교하여 한 군데 은행에 대출을 신청하면 된다.

햇살론 유스 내용

	세부 내용

지원대상	- 나이: 19~34세 이하
	- 소득: 연 3,500만 원 이하인 자 중에서
	  취업준비생(대학생, 대학원생, 미취업청년, 학점은행 수강자)
	  사회초년생(중소기업에 1년 이하 재직 중인 자)
	  청년사업자(창업 1년 이하 저소득 청년 개인사업자)

대출금액 한도	1인 최대 1,200만 원
상환방법	최장 15년 (8년 거치, 7년 상환)
금리	4.5~5%

정책 대출도 안 된다면?

정부 정책 대출까지도 어렵다면, 그 다음은 시중 은행의 예적금 담보대출이나, 신용대출이다. 안되면, 그 다음은 2금융권이다. 농협, 신협, 새마을금고, 저축은행 등이 해당된다. 특히 저축은행은 금리가 높다. 2금융권에서도 거절당한다면, 다음은 등록된 대부업체 (최고 20%) 로 가야 한다. 등록번호가 없는 곳은 사채이다. 문자, 전화, 온라인상 싸게 대출해 준다는 광고는 위험하다. 이름, 전화번호 적으라 하면 모두 의심하자!

대출금리 순서

구분	기관예시	평균 금리 수준
청년 정책 대출	장학재단	1.7%
	햇살론 유스	약 4-5%
1금융권	시중은행, 인터넷 은행	약 5-7%
2금융권	저축은행, 카드사 등	약 15% 전후
3금융권	등록 대부업체	최고 20%
불법사채	미등록 대부업체	평균 503%[51](일부 최대 20,000%)

신용관리를 통해서 1금융권, 정책대출 안에서만 대출해야 저렴하고, 안전하다는 것을 잊지 말자.

대출서류 설명서

은행에서 대출받을 때 작성해야 하는 대출거래 약정서에는 생소한 용어들이 많다. 중요한 내용을 하나씩 살펴보자.

신용대출 vs 담보대출
- **신용대출**: 개인의 신용점수를 바탕으로 돈을 빌려주는 대출
- **담보대출**: 집, 자동차, 예금 등 담보 자산을 맡기고 받는 대출

대출 거래 약정서

대출거래 약정서	
대출 종류	신용대출, 담보대출
거래 구분	개별거래, 한도거래
대출 한도금액	대출 가능한 최대금액
대출 개시일과 만료일	대출 시작일과 만료일
대출 이자율	고정금리, 변동금리, 혼합금리
이자지연 배상금 계산방법	연체 시 발생하는 추가 이자 계산 방식 (지연 배상금은 일단위)
중도상환 수수료	대출을 미리 상환할 때 발생하는 수수료
대출 실행방법	대출금 지급 방식
대출금 상환 방법	원금균등, 원리금균등, 만기일시, 거치식 상환방식
이자, 할부금 지급시기 및 방법	대출 상환 일정 및 방식

개별거래 vs 한도거래

- **개별거래**: 정해진 금액을 한 번에 입금받고, 이에 대한 이자를 부담
- **한도거래**(마이너스 통장 대출): 설정된 한도 내에서 자유롭게 돈을 사용하며, 사용한 금액과 일수에 따라 이자를 부담

고정금리 vs 변동금리

- **고정금리**: 대출 기간 내 금리가 동일 → 금리 상승 가능성이 높을 때 유리
- **변동금리**: 기준금리에 따라 변동 → 금리 하락 가능성이 높을 때 유리

- **혼합금리**: 일정 기간은 고정금리, 이후 변동금리 적용 → 금리 변동성을 고려한 절충형

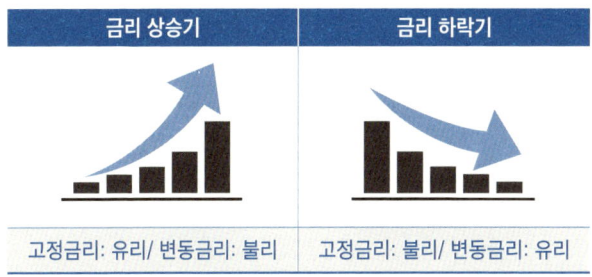

금리 상승기	금리 하락기
고정금리: 유리/ 변동금리: 불리	고정금리: 불리/ 변동금리: 유리

금리 방식을 선택할 때는 향후 경제 전망과 본인의 재무 상황을 종합적으로 고려해야 한다.

대출금 상환 방식
- **원금균등 분할상환**: 원금을 매달 동일하게 상환, 이자는 점점 줄어드는 방식 → 이자 부담 최소화
- **원리금균등 분할상환**: 원금과 이자를 합친 금액을 매달 일정하게 납부 → 예측 가능한 자금 관리 가능
- **만기일시상환**: 약정 기간 동안 매달 이자만 내다가 만기일에 원금을 한 번에 갚는 방식 → 주로 신용대출
- **거치식 상환**: 일정 기간 동안 이자만 내다가 이후 원금과 이자를 함께 갚는 방식 → 학자금 대출 등

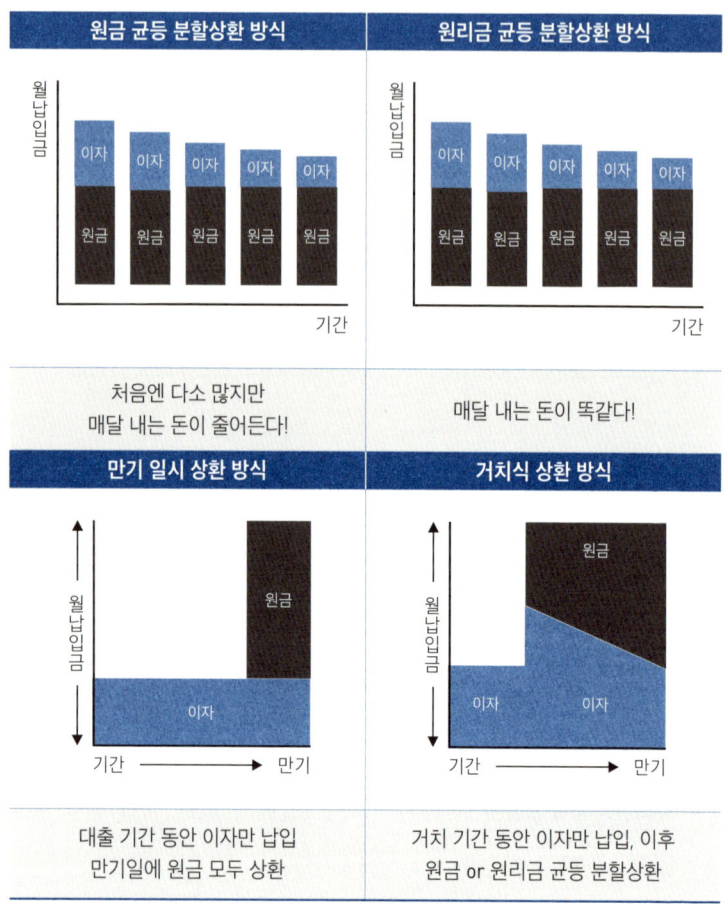

이자를 가장 적게 내는 대출 상환 방식은?

정답   원금균등 분할상환방식!

이자를 조금이라도 덜 내고 싶다면 원금 균등 분할상환 방식으로 상환을 하자. 젊었을 때는 이자를 조금이라도 줄이고 빨리빨리 갚아나가는 것 추천!

상환 방식별 총 대출이자 계산

대출금액 5,000만원 대출기간 5년 (연이자율 3%) 일 경우					
원금균등		원리금균등		만기일시[52]	
대출원금	50,000,000원	대출원금	50,000,000원	대출원금	50,000,000원
총대출이자	3,812,500원	총대출이자	3,906,072원	총대출이자	7,500,000원
총상환금액	53,812,500원	총상환금액	53,906,072원	총상환금액	57,500,000원

(참고·포털사이트 이자계산기 활용)

TIP

포털사이트에 검색어: **이자계산기**

아주 편리하게 매월 상환금까지 계산을 해준다.

금리별, 기간별로 상환액 등이 다르니 먼저 계산해 보면 도움이 된다.

반드시 알아야 할 대출자 권리 3가지

1 금리인하 요구권

소득이 늘거나 신용 상태가 좋아지면 금리 인하 가능할까?

✅ 그렇다!

금리인하 요구권은 개인의 신용 상태가 개선된 경우, 대출금리 인하를 요구할 수 있는 권리이다.

- **요구 가능 조건**: 취업, 승진, 이직, 전문 자격증 취득 등으로 소득 증가 부채 감소로 인해 자산 증가
- **신청 방법**: 각 금융사 홈페이지나 앱을 통해 간편 신청(금리 인하는 금융사별로 차이가 있으며, 은행연합회 소비자포털에서 수용률 확인 가능)

2 대출 갈아타기 서비스(대환대출)

더 낮은 금리로 대출을 바꿀 수 있을까?

 가능하다!

대출 갈아타기(대환대출)는 기존 대출을 더 낮은 금리의 대출로 전환하는 방식이다.(2023년 5월 신용대출부터 시작, 2024년 1월 9일부터 주택담보대출과 전세대출도 가능. 2024. 4. 1. 주택담보대출 갈아타기 서비스에 분양 아파트 잔금대출 포함. 2024. 9. 30.부터 실시간 시세 조회가 가능한 주거용 오피스텔과 빌라(연립 다세대) 담보대출 가능)

- **진행 방식**: 영업점 방문 없이 스마트폰에서 대출비교 플랫폼을 이용해 대출 이동 가능(대출비교 플랫폼: 토스, 핀다, 네이버페이, 뱅크샐러드, 카카오페이, KB국민카드, 웰컴저축은행 등)
- **대출 갈아타기 전 확인해야 할 사항**
  - 중도상환수수료: 기존 대출을 조기 상환할 때 발생하는 수수료 확인
  - 새로운 대출 조건: 금리, 상환 방식 등을 면밀히 비교
  - 정부 대출규제로 갈아타기가 가능한지 정책 잘 체크해야 함.

3 대출청약 철회권

대출을 받았는데 취소할 수 있을까?

 가능하다!

대출청약 철회권은 2021년 3월 25일부터 시행된 금융소비자보호법에 따라, 대출 후 14일 이내에 계약을 취소할 수 있는 권리이다.

- **적용대상**: 신용대출 4천만 원 이하, 담보대출 2억 원 이하
- **계산기준**: 대출 계약서류를 받은 날과 대출금 지급일 중 늦은 날부터 14일 이내
- **주의사항**: 기간 내 철회하지 않으면 취소 불가.
  철회 후 납부 금액: 원금 + 취소 시점까지의 이자 + 은행이 부담한 부대비용(중도상환수수료 없음)
- **신청 방법**: 은행 영업점, 콜센터 등을 통해 신청

대출을 받았다면 반드시 청약철회권, 금리인하요구권, 대출갈아타기 서비스를 숙지하여 더 유리한 조건으로 관리하자!

■ 핵심 콕!

청년 신용대출 순서!

- 대학생이라면? 대학생 장학재단 생활비 대출

- 1년 미만의 연봉이 아직 낮은 사회초년생, 대학 휴학생, 취준생이라면?
  서민금융진흥원 햇살론 유스 or 1금융권 비상금 대출 중 저금리로

- 사회초년생이라면? 1금융권 은행권 or 내 예,적금, 청약통장 담보대출
  중 저금리로

- 1금융권 어려우면? 정부정책 대출(새희망홀씨, 햇살론)

- 안되면? 저축은행, 신용카드(카드론, 현금서비스, 리볼빙)

. ※ 문자, 전화로 싸게 빌려준다는 정보, 온라인상 저금리 대출 광고는 위
  험하다!

'대출'은 결국 미래의 내 소득을 미리 당겨쓰는 것이다.

생활비 대출은 가급적 신중히 접근해야 한다.

생활비 대출은 최대한 빨리 쓰고 빨리 갚는다고 생각하고 빌려야

한다.

내가 지금 쓰는 이 돈이 정말 가치 있는지부터 고민해야 한다.

- 쇼핑, 여행, 여가비용이라면?

  → 대출보다 절약이 먼저다.

- 정말 필요한 생계나 등록금이라면?

  → 정부 정책 대출부터 알아보자.

- 꼭 쓴다면?

  → 안전한 곳에서 저금리로 빌리고 빨리 갚는 계획을 먼저 세우자.

PART 5

독립을 위한 내 집 준비방법

청약부터 대출까지

20대 대학생과 사회초년생에게 '독립'은 중요한 목표다.
월세 자취방에서 시작해, 전셋집으로 옮기고, 언젠가는 내 집 마련까지….
그 시작은 내가 지금 가진 돈과 매달 낼 수 있는 돈을 제대로 아는 것이다.
전세든 매매든, 주거는 내 돈의 크기에서 출발한다.

Chapter 8

내 집 마련의 기본 청약통장

혼자 살 집, 어디서부터 시작하지?

20대가 돈을 모으는 이유 중 하나가 바로 독립이다. 그런데 독립 하려고 마음먹는 순간, 첫 고민이 시작된다. "어디에 살지?" 지금 당 장 월세방을 구하는 사람이든, 언젠가 내 집을 갖고 싶은 사람이든, 집은 두 가지로 나눌 수 있다. 이미 지어진 집에서 사는 방법, 새로 지어질 집에서 사는 방법!

이미 지어진 집에서 사는 법: 월세, 전세, 매매

이미 만들어진 집을 구하는 방법은 매매, 전세, 월세로 나눌 수 있 다. 집을 사는 매매, 부동산의 소유자(집주인)에게 일정 금액을 맡기 고 일정 기간 동안 빌려 쓰는 전세 (보통 2년(한 번 더 연장 가능)), 그리고 매달 월세를 내고 사는 방법이 있다. 월세는 매달 돈을 못 내고 밀릴 수 있으니 일정 금액의 보증금을 요구하는 경우가 많다.

월세	매달 일정 금액을 내고 집을 빌려 쓰는 방식 → 진입장벽이 낮지만, 매달 나가는 돈이 많다.
전세	집주인에게 보증금을 맡기고 일정 기간(보통 2년) 동안 집을 빌려 쓰는 방식 → 목돈이 필요하지만, 월세가 없다.
매매	집을 사서 내 소유로 만드는 것 → 가장 비싸지만, 결국 내 집이 된다.

새로 지어지는 집에서 사는 방법: 분양, 임대

모든 국민이 쾌적한 주거생활을 영위하기 위해 토지를 효율적으로 활용하여 주택을 건설하고, 필요한 사람에게 우선 공급해야 한다.[53] 공급은 주로 민간 건설사가 참여하지만, 국민 주거 안정이라는 목표 아래 국가나 지자체가 주택 공급을 하기도 한다. 민영 주택과 국민주택의 차이는 정부 돈이 투입되었는지 여부이다.

민영주택

삼성물산, 현대건설, 대우건설, GS건설등 민간 건설사가 자기 자본으로 건설하는 주택(예: 레미안, 자이, 힐스테이트 등)

신규주택, 기존주택 비교[55]

신규주택				기존주택		
분양		임대		월세	전세	매매
민영주택	국민주택		민간임대			
	공공분양	공공임대				
민간 업체가 자기 자본으로 건설	국가, 지자체가 주택도시기금을 지원받아 건설	국가, 지자체가 주택도시기금을 지원받아 임대	임대사업자가 임대 목적으로 건설,매입하여 10년 이상 임대	매달 돈을 내고 집을 빌려 쓰는 것	집주인에게 보증금을 맡기고 일정기간동안 빌려 쓰고 계약종료 후 보증금을 돌려받는 것	집을 사고 파는 것
주택공급에 관한 규칙	공공주택특별법		민간임대주택특별법			

국민주택(공공주택)

- 공공주택-공공기관(LH, 지자체 등)이 공급하는 주택, (공공분양과 공공임대가 있음[54])
- 국민주택-주택법에 근거 공공기관 or 국민주택기금 지원 받아 공급하는 전용면적 85㎡ 이하

우리나라의 새 아파트 분양 방식은 집이 지어지기 전에 모델하우스만 보고 선택해야 한다. 살면서 가장 비싼 물건을 사는데, 물건을 보지 못하고 사는 문제가 있다. 후분양하기 때문에 아파트의 하자, 과대광고 등의 문제에서 자유로울 수 없다. 그럼에도 불구하고, 분양으로 당첨되면 집값이 오를 가능성이 높아 가격이라는 메리트로 실물을 못 봐도 분양을 받는다. 새 아파트를 분양하기 위해서 정해

지는 가격은 아파트가 다 지어지기 몇 년 전에 정해진다. 다 지어지면 분양 당시보다 가격이 많이 오르고, 신축을 선호하다 보니 여전히 매력적이라 느끼고 있다.

또한 정부나 지자체가 임대의 방식으로 주택을 공급하기도 한다. 여러 가지 공공주택 공급방식 중 청년이 알아두면 좋은 임대는 행복주택, 청년안심주택, 장기전세주택 등이 있다.

청약 기본조건 맞추기

새로 지어지는 주택을 우선적으로 공급받을 대상을 정하는 방식으로 청약 제도가 있다. 청약은 새로 짓는 아파트를 사겠다고 신청하는 것이다. 이때 필요한 게 바로 청약통장(주택청약종합저축)이다. 이 통장을 가지고 있어야 청약을 신청할 수 있다. 청약통장은 민영주택과 국민주택 모두 신청할 수 있는 통장이다. 청약통장 세팅은 맨 마지막에 이야기하겠다.

한국부동산원에 따르면 2025년 1월 기준 청약통장을 가지고 있는 사람은 26,441,690명이다. 청약을 넣을 수 있는 자격 등급이 있는데, 1순위, 2순위로 구분한다.

- 1순위: 청약통장을 일정 기간 이상 유지하고, 납입 횟수나 예치금 요건을 모두 충족한 사람

• 2순위: 청약통장은 있지만 아직, 조건이 부족한 사람.

국민주택과 민영주택 기본조건과 1순위

		공공주택	민영주택
시행사		LH, SH 등 또는 민간 건설사	민간건설사
공급면적		85㎡ 이하(평수의 제한이 있음)	제한 없음
기본조건	거주지역&공급대상	최초 입주자모집공고일 현재 해당 주택건설지역 또는 인근지역에 거주하는 성년자(만 19세 이상)와 아래에 해당하는 세대주인 미성년자만 가능(자녀를 양육하는 경우, 직계존속의 사망, 실종선고 및 행방불명 등으로 형제자매를 부양하는 경우)	
		무주택 세대 구성원 (등본상 구성원 모두 무주택)	무주택 or 1주택
1순위	납입금 or 예치금	**[투기, 청약과열지역[57]]** - 가입 2년 지나고 24회 이상 납입	**[투기, 청약과열지역]** - 가입 2년 지나고, 예치금 충족
		[수도권] - 가입 1년 지나고, 12회 이상 납입	**[수도권]** - 가입 1년이 지나고, 예치금 충족
		[수도권 외] - 가입 6개월 지나고, 6회 이상 납입	**[수도권 외]** - 가입 6개월 지나고, 예치금 충족
		[위축지역] - 가입 후 1개월 경과	**[위축지역]** - 가입 1개월 지나고, 예치금 충족
			지역별 예치금액[58] 충족 | 구분	서울/부산	기타 광역시	기타 시/군
85㎡ 이하	300	250	200
102㎡ 이하	600	400	300
135㎡ 이하	1000	700	400
모든 면적	1500	1000	500	
		- 세대주일 것 - 과거 5년 이내 무주택세대 구성원 전원이 다른 주택의 당첨자가 되지 않았을 것	- 세대주일 것 - 비규제지역은 1주택까지는 가능 - 세대구성원 전체 과거 5년이내 당첨된 자가 없을것 - 1주택까지 가능

이 중 1순위 자격인 사람이 17,613,574명이다(청약통장을 가지고 있는 사람의 66.6%가 1순위이다.[56]) 청약통장을 사용하여 새집 매매를 하고 싶을 때 기본조건과 1순위 조건을 맞춰 놓자. 1순위 조건은 민영주택인지 국민주택인지, 지역에 따라 다르다.

1순위 준비는

① 청약통장 가입 후 최대 2년 이상(납입 횟수 24회 이상)을 유지한다.

② 민영주택 분양은 액수는 상관없고, 모집 공고일 전까지 예치금 충족시키고, 공공주택 분양은 매달 25만 원씩 꾸준히 납입한다.

③ 청약 모집공고가 나오기 전에 원하는 청약지역에 거주하는 것이 좋겠다. 모집공고마다 거주기간 요건(최대 2년)이[59] 있으니, 청약홈에서 모집공고를 확인하자!

④ 신청자, 세대원의 무주택 여부를 체크한다.

청약 제도는 기본적으로 무주택자를 위한 주택공급 제도이다.[60] 그리고 신청자 본인뿐만 아니라 신청자와 세대원 전원이 무주택자인 무주택 세대 구성원을 기본 자격으로 한다.

특별공급

청약에는 특별공급과 일반공급 방식이 있다. 특별공급은 정책적 배려가 필요한 사회계층 중 무주택자의 주택 마련을 지원하기 위하여 일반공급과 청약 경쟁 없이 우선적으로 주택을 분양받을 수 있도록 하는 제도이다. 따라서 일정 조건을 충족하면 일반공급보다 낮은 경쟁률로 청약할 수 있다. 결론부터 말하자면 이 특별공급 때문에 청년~결혼해서 자녀가 어릴 때(2세 이하의 자녀(태아포함))까지 청약통장을 가지고 있는 것이 의미가 있다. 2022년 10월 26일 청년, 서민 주거 안정을 위한 공공주택 50만 호 공급 계획 발표[61]를 통해 공공주택에 청년과 신혼부부를 위해 물량을 더 확대한 나눔형, 선택형이 추가되었다.

특별공급 대상자

- 예우가 필요한 대상: 국가유공자, 보훈보상 대상자, 5.18 민주유공자, 특수임무 유공자, 참전유공자, 장기 복무 제대군인, 10년 이상 복무군인, 의사상자 등 28개 법 이상에서 정한 특별공급이 필요한 자
- 가족 유형: 신혼부부, 다자녀, 생애최초 주택구입자, 노부모 부양자
- 국민주택에는 청년(공공주택 전용 60㎡ 이하), 신생아 특별공급이 추가로 있음.

주택 유형별 특징과 공급물량[62]

공급	구분	국민주택	국민주택(공공분양 주택 새브랜드 뉴:홈)			민영주택
			일반	나눔형	선택형	
특별공급	청년	해당없음	해당없음	15%	15%	해당없음
	신혼부부	30%	20%	40%	25%	23%
	생애최초	25%	20%	25%	20%	7~15%
	다자녀	10%	10%	-	10%	10%
	노부모	5%	5%	-	5%	3%
	기관추천	15%	15%	-	15%	10%
	합계	85%	70%	80%	90%	48~58%
일반공급		15%	30%	20%	10%	약 50%

(모집공고에 따라 달라짐)

- **일반형**: 기존 공공분양주택, 5, 10년 분양전환 공공임대주택(시세 80% 수준 분양)

- **나눔형**: 분양주택으로 공급(의무 거주기간 5년 있음) (시세 70% 이하 분양)

- **선택형**: 임대로 시작(임대의무기간 6년) 이후 분양전환 선택

청년 특별공급

2022년 12월부터 특별공급에 청년이 추가되었다. 특별공급에 청년, 신혼부부, 신생아를 위한 공급 물량 비중이 높아져서 LH에서 지은 공공주택은 청년과 결혼을 앞둔 경우에 도움이 될 수 있다. 청년주택은 현재 민영주택에는 없고, LH와 같은 공공주택에서 전용면적 $60m^2$ 이하만 있다. 그러나 앞으로도 다양한 청년과 관련된 주거 정책이 나올 것이라는 생각이 든다.

청년 특별공급 소득 및 총자산 기준(2025년도)[63]

	청년
대상 주택	공공주택 전용면적 60m² 이하의 분양주택(나눔형, 선택형)
대상자	만 19-39세 이하 미혼(과거 주택 소유 사실 없는 자)
청약 자격	1. 무주택자 2. 소득: 월평균 소득 140% 이하 (5,037,430원) (본인만 충족하면 됨) 3. 본인자산: 결혼 안 했으면 2억 7,000만 원 이하 4. 부모자산: 10억 1,100만 원 이하
청약통장	청약통장 가입하여 6개월 이상 6회 이상 납입한 자
우선공급	5년 이상 소득세 납부한 청년(30% 우선 배정)
경쟁 시 배점기준	- 본인의 월평균 소득 70% 이하, - 해당 시도 거주기간 2년 이상, - 주택청약종합저축 납입 횟수 24회 이상,

특별공급 소득, 자산 기준

특별공급은 기본 신청 자격을 정하고 있다.

- **공공주택**: 일반공급(전용면적 60㎡ 초과), 기관 추천 제외한 모든 특별공급에 소득자산 기준 적용
- **민영주택**: 신혼부부, 생애최초 특별공급에 소득 기준 적용, 신혼부부, 생애최초 특별공급 추첨은 자산 기준 적용(소득이 초과되더라도, 자산 기준 충족하면 추첨제 물량은 신청 가능)

소득 기준이 되는 가구원 수는 세대구성원 전원의 수이다. 세대주 및 성년(19세 이상)인 자 모두 합산하여 산정한다. 자산 기준은 공공

주택의 경우 부동산 가액+ 자동차 가액으로 계산하고, 민영주택의 경우 부동산 가액만 계산한다. 민영주택과 공공주택 적용 자산도 차이가 있고, 자녀가 있는 경우 등 소득, 자산 완화 기준도 있으니 자세한 것은 청약홈을 살펴보아야 한다.

특별공급 신청 시 유의 사항

- 특별공급은 세대당 평생 한 번만
- 특별 공급 종류별 우선순위 기준이 다름 → 청약홈에서 확인 필수
- 소득·자산 기준 충족해야 함(기준은 수시로 변경되므로 청약홈에서 최신 정보 확인)
- 청약통장 필요(단, 일부 대상자[64]는 예외)
- 일반공급과 중복 신청 가능 → 특별공급 신청이 가능한 경우 반드시 도전할 것

특별공급 비중이 높아 청약 공부는 특별공급을 자세히 살펴보는 것이라 해도 무방하다. 특별공급은 소득, 자산 기준을 만족하는 것이 중요하다. 이것도 자주 바뀌니까 아래의 청약홈 큐알에 들어가 자세히 살펴보자.

 청약홈 ➜ 청약 제도 안내 ➜ 특별공급

일반공급

일반공급은 특별공급 후 남은 물량을 대상으로 진행하며, 해당 지역 거주 청약통장 가입자가 신청 가능하다. 특별히 신청 자격 제한이 없어 경쟁률이 엄청 높다.

우리나라 청약통장을 가진 자의 66.6%가 1순위라고 했다. 그렇다면 1순위 중에서도 순서를 정해야 한다. 1순위에서 입주자 선정 기준은 국민주택과 민영주택에 차이가 있다.

공공주택 1순위 내에서 당첨자 선정 기준: 순위순차제, 추첨제

국민주택 1순위 내 당첨자 선정 기준은 $40\,m^2$ 이하인지 초과인지에 따라 다르다.

$40\,m^2$ 이하는 납입 횟수로 정한다. 즉 이 경우는 매달 2만 원씩 납입하면 된다. 그러나 국민주택으로 $40\,m^2$를 초과하는 아파트의 경우 저축 총액이 많은 자 순서이다. 즉 매월 25만 원씩 납입해야 가장 유리하다. 매달 1회 인정액인 25만 원은 국민주택으로 $40\,m^2$를 초과하는 경우에 청약할 때만 의미가 있다. 2021.7-2023.12 기준 서울 공공분양주택 당첨 커트라인은 청약통장 가입 기간 평균 18년 이상, 납입 금액 2,200만 원이 넘는 것으로 조사 되었다.[65] 공공주택 일반공급은 오랫동안 꾸준히 납입한 사람이 유리하다.

민영주택 1순위 내에서 당첨자 선정 기준: 가점제 / 추첨제

민영주택 1순위 내 당첨자 선정 기준은 가점제 방식이다. 1순위 중에서도 무주택 기간(0~32점)과, 통장 가입 기간(1~17점), 부양가족 수(5~35점) 세가지 항목으로 총 84점 만점으로 높은 점수순으로 당첨이 된다. 동점일 경우 추첨으로 결정된다.

- **무주택 기간**: 미혼이라면 30세부터 산정 (혼인한 경우라면 혼인신고 일부터)
- **통장 가입기간**: 미성년자 때 가입 기간은 최대 5년까지 인정 (청약홈에서 자동 산정됨)
- **부양가족수**: 미혼인 경우, 부모님이 유주택자라면 부양가족수 0명

청년은 나이가 어리기 때문에 부양가족수도, 무주택 기간, 통장 가입 기간이 턱없이 낮은데 어쩌란 말이냐는 말이 나올 수 있다. 여기서는 불리하지만, 어쨌거나 특별공급을 노려보자.

2023년 주택공급에 관한 규칙을 개정하면서 가점제 비율을 개선하고, 추첨제로 당첨될 수 있다. 추첨제는 가점제에서 떨어진 사람을 섞어 무작위로 선정한다. 그렇지만, 무작위라 하더라도 투기과열지구, 청약과열지구, 수도권 및 광역시에서 공급하는 주택의 경우 75%는 무주택자에게, 25%는 무주택 세대구성원과 1주택자에게 공급한다. 추첨제지만 결국 무주택자 우선 공급이라고 보면 된다.

국민주택 VS 민영주택 1순위 당첨 기준

공공주택	민영주택

공공주택

구분	순서
40m² 이하	3년 이상 무주택 세대 구성원 + 납입회수가 많은 자
40m² 초과	3년 이상 무주택 세대 구성원 + 저축총액이 많은 자
1	50% 소득요건 충족 & 신생아 자녀가구
2	30% 1순위 순차제 방식
3	20% 1, 2순위 구분 없이 추첨

(신생아 가구에 당첨이 유리하도록 개편. 2025. 3 공동주택특별법 시행규칙 개정)

(좌측 구분: 1순위 중에서 청약 당첨 기준)

민영주택

구분	규제지역		비규제지역
	투기과열지역	조정대상지역	
60m² 이하	가점제 40%(추첨 60%)		가점제 40% 이하 (지자체 결정)
60m²~85m²	가점제 70%(추첨 30%)		
85m² 초과	가점제 80% (추첨 20%)	가점제 50% (추첨 50%)	추첨제 100%

가점제 1순위 경쟁이 있을 경우

무주택기간, 통장 가입기간, 부양가족 수 점수화하여 점수 높은 순서대로 공급

	무주택	통장가입	부양가족 수
최대치	15년	15년	6명
상한점수	32점	17점	35점

추첨제 경쟁이 있을 경우[66]

무주택자에게 우선 공급(수도권 외 제외)

청약 시 유의 사항

모집공고를 잘 확인하자.

- 본인 나이, 무주택 여부, 청약통장순위, 해당 주택건설지역 거주 기간, 전매제한 및 거주의무

청약일을 놓치지 말자.

- 청약홈에서 청약 알리미를 신청해 놓자.

무주택 요건 확인

- 입주자 모집 공고일 현재 신청자, 세대 구성원 전원 무주택 자여야 한다.
- 무주택기간은 신청자와 배우자 기준으로 산정한다.(무주택기간 산정은 결혼 전이고 세대분리 되었다면 본인의 무주택 기간만 따진다.)

동일 세대를 구성하고 있는 유주택자인 부모님 두 분이 모두 60세 이상인 경우, 청년 본인 생애최초 특별공급 시 부모님의 소유 주택은 무주택으로 인정 가능하므로 다른 생애최초 특별공급 요건을 충족하는 경우 청약 신청 가능하다.(결혼했다면 나와 배우자 무주택기간으로 계산하면 된다.)

- 청약 신청자 본인은 제외하고 계산한다.
- 공공주택: 1세대 1주택 원칙 → 신청자뿐만 아니라 세대원 전원 무주택 요건 충족 필요
- 민영주택: 1인 1주택 원칙 적용

청년 공공 임대주택

정부가 임대하는 공공 임대 주택도 있다. 공공주택 특별법 시행령에서 분류한 종류는 영구임대, 국민임대, 행복주택, 장기전세주택, 분양전환 공공임대, 기존 주택 등 매입임대, 기존주택 전세임대주택이 있다. 이중 청년이 공공임대로 들어갈 만한 임대주택은 세 가지 정도로 볼 수 있다.

- **행복주택**: 국가나 지방자치단체의 재정이나 주택도시기금의 자금을 지원받아 대학생, 사회초년생, 신혼부부 등 젊은 층의 주거 안정을 목적으로 공급하는 공공임대주택(참고: 행복주택 대학생, 청년 계층의 주택 소유 여부는 신청자 본인만 검증 소득은 근로, 사업, 재산, 기타소득 모두를 합산한 월평균 소득을 말함.)
- **기존주택등 매입임대주택**: 국가나 지방자치단체의 재정이나 주택도시기금의 자금을 지원받아 기존주택 등을 매입하여 〈국민기초생활 보장법〉에 따른 수급자 등 저소득층과 청년 및 신혼부부 등에게 공급하는 공공임대주택
- **기존주택 전세임대주택**: 국가나 지방자치단체의 재정이나 주택도시기금의 자금을 지원받아 기존주택을 임차하여 〈국민기초생활 보장법〉에 따른 수급자 등 저소득층과 청년 및 신혼부부 등에게 전대轉貸하는 공공임대주택

청년 공공임대주택 종류

	행복주택	청년매입임대주택	청년전세임대주택
입주대상	대학생, 청년 등	저소득 청년, 대학생, 취업준비생	청년, 대학생, 취업준비생
나이	만 19세 이상 39세 이하 혼인 중이 아닌 무주택자.		
소득 (대학생은 본인 부모소득합산 / 청년은 본인 것만)	• 대학생일 때 본인&부모 월 소득 합계가 전년도 도시근로자 가구원수별 가구당 월평균 소득의 100% 이하 (3인기준: 약 719만원 이하) • 청년일 때 본인 월소득만 판단 (1인 417만원 이하)	• 1순위: 생계·주거·의료급여 수급자 가구, 차상위계층 가구, 한부모가족 중 해당 • 2순위: 본인과 부모의 월평균 소득이 전년도 도시근로자 가구당 월평균소득 100%이하, 국민임대 자산기준 충족 • 3순위: 본인의 월평균 소득이 전년도 도시근로자 1인 가구 월평균소득 100% 이하, 행복주택(청년) 자산기준 충족	
자산 (본인 것 기준)	• 대학생 일 때 본인 총자산 1억, 자동차 소유하지 않을 것. • 청년일 때 총자산 2억 7,300만원, 자동차 3,708만원		
임대기간	2년 단위로 계약체결 (최대 6년)	2년(최장 10년)	
임대조건	보증금+임대료 (시세 60~80% 수준)	• 1순위:보증금 100(임대료 시세 40%) • 1순위:보증금 200(임대료 시세 50%)	• 1순위:보증금 100만원 • 2순위:보증금 200만원 (월임대료·전세보증금 중 임대보증금을 제 외한 금액에 대한 연 1~2%이자 해당액[68])
모집공고 & 신청	LH 청약플러스에서 신청		

청년전세 임대주택의 경우 입주대상자로 선정된 이후 주택을 물색하여야 하며, 임차할 주택의 소유자와 전세 계약에 대한 협의가 성립하면, 사전에 해당 LH 지역본부 담당자에게 요청하여 계약 가능 여부 확인 후 전세 계약 체결해야 한다.[67] 청년공공임대주택도 LH청약+에서 입주자모집공고문을 꼼꼼하게 잘 읽어야 한다.

그리고, 해당 지역 거주지 및 거주기간도 살펴보아야 한다. 또한 주택청약종합저축 납입 횟수 최대 24회 이상 자격이 있기 때문에, 공공 임대주택에 들어가야 할 경우에도 청약통장은 필요하다. 임대주택의 경우는 횟수가 중요하니 2만 원씩만 넣으면 된다.

청약통장 가입부터 납입까지

청약통장, 그게 뭔데?

이제 청약통장에 대해 자세히 알아보자. 이전에는 청약저축, 청약예금, 부금으로 나누어져 있었지만 2009년 5월 6일 이후부터 청약저축, 예금, 부금 기능을 한데 묶은 통장으로 공공주택, 민영주택에 모두 청약 가능한 주택청약종합저축으로 단일 상품이 나왔고, 2015년부터는 주택청약종합저축만 개설이 가능하다.

여기서 청년들은 또 하나 고민해야 할 것이 있다. 기존에 청약통장을 가지고 있었더라도, 가입 조건이 충족되면 청약통장이 있는 은행에 가서 청년전용 청약통장으로 전환이 가능하다. 여러 가지가 기본 청약통장보다 유리하니 대상자가 되면 얼른 가서 변경하자.

청년전용 청약통장 – 청년 주택드림 청약통장 가입 조건

청년과 관련된 정부 정책상의 금융상품은 나이와 소득을 기준으로 한다고 했다. 이 역시 나이는 만 19세 이상~만 34세 이하[69]이다. 소득은 직전년도 신고소득이 있는 자로 연 소득 5천만 원 이하(근로, 사업, 기타) 소득자로 소득세 증빙이 된 자[70] 이다. 올해부터 일을 했다 하면 급여명세표 등 증빙 가능한 자료로 진행할 수 있다. 또한 군 복무 중인 자도 가능하다. 여기에 집과 관련된 것이어서, 주택 여부가 포함되는데 주택을 소유하지 않은 무주택자여야 한다. 부모님이 유주택자라도 내가 무주택이라면 가능하다. 이 세 가지가 모두 해당

되어야 한다. 가입 시점에만 이 세 가지 조건을 만족시키면 가입이 가능하고 유지할 수 있다.

청년 주택드림 청약통장의 장점

일반 청약통장보다 금리가 높다. 그리고, 소득에 따라 비과세와 소득공제 혜택이 있다.

- 금리 : 최대 연 4.5% (일반 청약통장보다 최대 1.7% 높음)
- 비과세 혜택 : 본인이 세대주이며 세대원 전체가 무주택이면 비과세 가능(비과세 가입 가능 소득은 직전년도 연 근로소득 3,600만 원 (사업소득 2,600만 원) 이하)
- 소득공제 : 연소득 7,000만 원 이하일 경우 연말정산 때 소득공제 가능
- 청년주택드림 대출 연계 : 청년주택드림 청약통장으로 청약에 당첨된 무주택 세대주 저금리 대출 실시

비과세 적용은 가입 기간 또는 전환 기간 2년 이후부터 적용된다. 일단 가입 후 2년 내 비과세 신청해 놓고 적용 대상이 되면 2년 이후 적용받으면 된다. 청약통장은 2년 이상 24회 이상 납입 시 1순위 이기 때문에 2년 이후부터 적용되나 보다. 청년 주택드림 청약통장 전환은 온라인으로 가능하지만, 비과세 신청은 은행 영업점에 방문해야 한다.

비과세로 가입되는 소득은 전년도 소득 연 근로소득 3,600만 원

(사업소득 2,600만 원) 이하이고, 소득공제는 연 7,000만 원 이하이다. 비과세와 소득공제 받는 소득은 차이가 있다. 사회초년생 때는 소득이 낮아 비과세와 소득공제 혜택을 받는 경우가 많을 것이다.

또한 청년 주택드림 청약통장으로 가입자가 주택 청약에 당첨된 경우, 1회에 한하여 청약당첨 주택의 계약금 납부 목적으로 일부 금액 인출할 수 있다.

청약통장, 매달 얼마나 넣어야 할까?

사회생활을 하면 매달 소득을 잘 배분하여 저축해야 하므로 청약통장에는 얼마를 저축해야 하는지 고민일 것이다. 청약통장의 계약 기간은 입주자로 선정 시까지 즉 당첨 시까지이다. 즉 당첨될 때까지 돈을 빼지 않기 때문에 딱 나에게 필요한 만큼만 넣는 게 좋겠다.

청약 통장은 매달 2만 원~50만 원까지 (청년 주택드림 청약통장은 100만 원까지) 자유롭게 납입 할 수 있다. 그런데, 또 돈 많은 사람은 50만 원 꽉 채워서 납입할 수 있으니, 50만 원까지 넣어도 되나, 한 달 인정 금액은 25만 원으로 한다.(한 달 납입 인정 금액이 10만 원에서 25만 원으로 상향되었다(2024. 11. 1.). 청약통장에 매달 얼마를 넣는 것이 좋을까? 아래 두 가지 중 하나를 선택하는 게 좋다.

매달 청약통장 입금 금액

중요한 건 실제로 청약할 때 인정되는 금액이기 때문에 둘 중 하나 선택하자.

• 2만 원 : 청약 자격만 유지, 민간 분양 아파트 신청 가능
• 25만 원 : LH(공공주택) 일반공급(전용 40㎡ 초과) 또는 청년전용 청약통장에 가입하여 비과세 & 소득공제 받을 수 있는 경우

2만 원과 25만 원 두 액수 중에서 하나로 가면 된다. 애매하게 중간은 별로다. 25만 원으로 올라서 부담이 되긴 하지만 말이다.

매달 25만 원씩 납입하는 것이 의미가 있는 경우는 결론부터 말하면 국민(공공)주택 LH에서 지은 일반공급(전용 40㎡ 초과) 아파트에 입주할 확률까지 생각하는 사람은 매달 25만 원 납입이 의미가 있다. 또한 비과세와 소득공제를 고민하는 사회초년생의 경우도 25만 원 납입이 의미 있다.

주택청약 종합저축 VS 청년 주택드림 청약통장

	주택청약 종합저축	청년 주택드림 청약통장
가입자격	연령, 자격 제한 없이 누구나 가입 가능[71]	① 나이: 만 19세 이상~만 34세 이하(병역기간 추가가능) ② 소득: 연소득 5,000만 원 이하(직전년도 신고소득 있는 자, 비과세 소득만 있는 군인도 가능) ③ 무주택자(유주택 세대에 속하는 무주택 세대원도 가능)
가입은행	국민, 기업, 농협, 신한, 우리, 하나, iM뱅크, 경남, 부산은행, (기존 청약통장에서 청년 청약통장으로 변경하고 싶으면 원래 청약통장이 있던 은행으로 가는 것이 좋겠다.)	
월 납입금	2만 원~최대 50만 원	2만원~최대 100만 원
	① 적금형식: 월 납입 인정 금액은 월 최대 25만원 ② 최대 예치금액은 1,500만 원까지 가능/ 청년 5,000만 원 (잔액이 1,500만 원 미만 ➡ 월 50만 원 초과하여 잔액 1,500만 원까지 일시 예치 가능) (잔액이 1,500만 원 이상 ➡ 월 50만 원 이내에서 자유 적립) (민영주택 청약예치금: 모집공고 전까지 입금해 놓기) (납입금액은 주택도시기금 재원으로 정부가 관리하고 있음)	
금리 (변동금리)	(연 최대 3.1%) 1년 미만: 연 2.3%, 2년 미만: 연 2.8% 10년 이내: 연 3.1%	(연 최대 4.5%) 1년 미만: 연 3.7%, 2년 미만: 연 4.2% 10년 이내: 연 4.5%
비과세	없음 (본인 한도내 비과세종합저축[72] 으로는 가능)	한도: 원금 연 600만 원 한도(이자소득 합계액 500만 원 한도 - 모든금융기관 합산) (비과세는 가입 기간 2년 이후부터 적용) [비과세 자격][73] ① 가입 시: 본인이 세대주 or 세대주배우자 세대원 전체가 무주택일 경우만 가능 ② 소득: 근로소득 3,600만 원 or 사업소득 2,600만 원 이하
소득공제[74]	한도: 연 납입금 최고 300만 원의 40% 공제 (최대 120만 원) [소득공제 자격] ① 소득: 근로소득- 해당 과세기간의 총급여액 7,000만 원 이하 ② 해당 과세기간 세대원 전체 무주택자 일 경우 적용 ③ 소득공제 적용 받으려는 과세연도의 다음연도 2월말까지 청약통장 (가입은행에 무주택확인서(소득공제 신청용) 제출해야 함) (한번만 제출하면 계속 가능하나 자격 상실하는 경우 해제 신청해야 함)	

핵심 콕!

청년 청약통장 관리법

● 결혼해서 미취학 자녀까지 특별공급으로 많이 공급하므로 청약 통장은 없애지 말자.

● 청년 주택드림 청약통장으로 바꿔 놓을 수 있으면 바꿔 놓자.

> • **나이**: 만 19~34세(병역 기간 추가 가능)
>
> • **소득**: 연 소득 5,000만 원 이하(전년도 소득세 신고된 근로소득, 사업소득, 기타 소득자) & (근로기간 1년 미만으로 직전년도 신고소득 없는 근로소득자에 한해 당해 급여명세표 등으로 연 소득 환산 후 가입 가능) (비과세 소득만 있는자: 현역병등, 군복무기간 비과세 소득만 있었던 전역자 포함)
>
> • **무주택자**: 가입 당시 본인이 무주택이면 가능(부모님이 유주택이어도 문제없다.)

● 매달 청약통장 입금 금액은 2만 원, 25만 원 중 선택하자.

> • **2만 원**: 청약 자격만 유지, 민간 분양 아파트 신청 가능
>
> • **25만 원**: LH(공공주택) 일반공급(전용 40㎡ 초과) 또는 청년 전용 청약통장에 가입하여 비과세 & 소득공제 받을 수 있는 경우

- 청약의 기본조건과 1순위 자격을 갖추자!(해당 지역 거주 요건과 청약통장 가입 기간과 납입 횟수 체크!)
- LH(한국토지주택공사)가 공급하는 분양, 임대는 LH청약플러스를 살펴보자. 대한민국의 모든 주택청약은 청약홈을 통해 진행된다.

LH 청약플러스	공공분양, 공공임대주택 정보 중심
청약홈	민간 건설사들이 공급하는 청약 포함 경쟁률, 당첨자발표등 원스톱 확인

Chapter 9

전세부터 매매까지 첫 집 구하기

앞 장에서는 청약통장을 통해 새 아파트를 분양받는 방법을 살펴봤다. 하지만 지금 당장 독립하고 싶은 사람이라면 청약은 너무 먼 이야기일 수 있다. 그래서 이번 장에서는 이미 지어진 집에 들어가 사는 방법, 특히 '전세'와 '매매'를 중심으로 알아본다.

20대 대학생과 사회초년생에게 '독립'은 중요한 목표다. 월세 자취방에서 시작해, 전셋집으로 옮기고, 언젠가는 내 집 마련까지….

그 시작은 내가 지금 가진 돈과 매달 낼 수 있는 돈을 제대로 아는 것이다. 전세든 매매든, 주거는 내 돈의 크기에서 출발한다.

모은 돈이 거의 없다면 '보증금+월세' 형태의 자취부터 시작하게 된다. 보증금 몇백만 원이라도 준비되어 있어야 집을 계약할 수 있고, 매달 낼 수 있는 월세도 감당 가능해야 현실적인 독립이 가능하다.

사회생활을 하면서 돈이 어느 정도 모이면 전세라는 제도를 이용해 장기간 거주가 가능한 집을 구할 수 있다. 전세는 집주인에게 큰 목돈(전세보증금)을 맡기고 월세 없이 일정 기간 집을 빌려 쓰는 제도다. 그리고 전세로 몇 년 살면서 꾸준히 저축하고 소득이 늘어나면, 나중에는 대출을 활용해 내 집을 매매하는 단계로 넘어갈 수 있다.

월세, 전세, 매매 차이

기존주택		
월세	전세	매매
매달 돈을 내고 집을 빌려 쓰는 것	집주인에게 일정액의 보증금을 맡기고 일정 기간 동안 빌려 쓰고 계약종료 후 보증금을 돌려받는 것	집을 사고파는 것

전세란?

"자취하고 싶다."

대학생이나 사회 초년생이라면 누구나 한 번쯤 하는 생각이다. 문제는 집값이다. 월세, 전세, 대출… 도대체 어디서부터 시작해야 할지 막막하다.

전세의 장점

전세는 집주인에게 전세보증금을 맡기고 일정 기간(보통 2년) 동안 월세 없이 집을 빌려 쓰는 제도다. 계약이 끝나면 보증금을 돌려받을 수 있기 때문에, 일정 금액의 목돈만 준비되어 있다면 안정적으로 거주할 수 있다는 장점이 있다.

전세는 한국에만 있는 독특한 계약 방식이다. 집주인은 세입자에게 받은 전세금으로 다른 집을 사거나 대출 상환 등에 활용할 수 있어 이 제도가 정착하게 됐다. 세입자에게는 월세 부담 없이 거주할 수 있는 장점이, 집주인에게는 목돈을 활용할 수 있는 유용함이 있어 지금까지 유지되어 온 것이다.

전세가 문제가 되기도 해

과거에는 전세금 대부분을 세입자가 자기 자금으로 직접 마련했지만, 요즘은 은행에서 전세자금 대출을 받는 경우가 많다. 정부도 전세자금 대출을 꾸준히 확대[75]해왔다.

그런데 전세자금 대출이 늘어나면서 생긴 부작용도 있다. 바로 '갭투자'라는 방식이다.

갭투자란 집값에서 전세보증금을 제외한 '차액'만 있으면 집을 살 수 있는 구조를 이용한 투자 방식. 예를 들어, 집값이 2억이고 전세가 1.8억이면, 투자자는 2천만 원만 있으면 집을 살 수 있게 된다. 이처럼 소액으로 여러 채의 집을 사는 투자자들이 많아지면서, 집값이 더 오르고, 전세 사는 사람들의 보증금 안전에도 문제가 생기기 시작했다. 이런 이유로 전세자금 대출제도에 대한 규제 강화 이야기가 나오고 있다. 전세는 독립을 위해 여전히 청년들이 현실적인 독립을 위해 선택할 수 있는 중간 단계 주거 형태이다. 최근에는 반전세(전세반, 월세반) 형태도 늘어나고 있다.

전세 계약 전 확인할 것

전셋집 구하기 전 내가 대출 포함 어느 정도 금액의 집을 구할 수 있을지를 먼저 확인한다. 그리고, 회사, 학교, 대중교통 접근성 등 기준을 정하여 지역과 주거조건 등을 정한다. 그리고 부동산 앱을 적극 활용해 매물을 살펴본다. 그리고 진짜 맘에 드는 집은 직접 부동산에 연락해서 확인해야 한다. 실제 계약을 하기 전에 돈과 관련하여 몇 가지 중요사항을 체크해야 한다.

1) 이사 가려고 하는 집의 등기부등본을 확인한다.
2) 보증보험 가입이 가능한지 확인한다.
3) 전세대출 얼마나 가능한지 확인한다.

부동산 등기부등본(등기사항증명서) = 집의 생활기록부

전세든, 매매든, 집 계약 전에 부동산 등기부등본을 반드시 확인해야 한다. 이 서류 하나면 그 집이 누구 소유인지, 집에 대출은 얼마나 있는지, 압류는 있는지 등 집의 상태를 한눈에 볼 수 있다. 계약서에 사인하기 전에 꼭! 확인해야 내 돈을 지킬 수 있다.

등기부등본 발급 방법

- 어디서? 대한민국 법원 '인터넷 등기소'
- 어떻게? '부동산등기사항 증명서' 검색 → 주소 입력 후 열람 또는 발급 신청(열람 수수료 700원, 발급 수수료 1,000원)

누구나 조회 가능하니, 계약 전에 꼭 본인이 직접 확인하자!

등기부등본 보는 법

등기부등본은 총 세파트- 표제부, 갑구, 을구로 나뉘어져 있다.

구분	확인 내용	체크 포인트
표제부	집의 기본정보	√ 내가 보러간 집과 주소가 일치하는지 √ 건물 구조, 면적이 맞는지?
갑구	소유권 정보	√ 소유자 이름과 계약하려는 사람이 같은지? √ 압류, 가처분, 가압류 같은 위험한 권리는 없는지? √ 권리간의 우선순위
을구	대출 및 권리관계	√ 근저당(대출 설정)이 너무 많지 않은지?[76]

① 표제부: 집의 정보 확인

등기사항전부증명서(말소사항 포함)
- 집합건물 -

고유번호 1234-1234-123123

[집합건물] 경기도 ○○시 ○○구 ○○아파트 ○○동

【 표 제 부 】 (1동의 건물의 표시)				
표시번호	접 수	소재지번,건물명칭 및 번호	건 물 내 역	등기원인 및 기타사항
1 (전 1)	1992년11월18일	경기도 ○○시 ○○구 ○○아파트 ○○동	철근콘크리트조 슬래브지붕 15층아파트 1층 517.02㎡ 2층 514.86㎡ 3층 514.86㎡	도면편철장 제4책13장

✅ 주소확인!

② 갑구: 소유자 확인

[집합건물] 경기도 ○○시 ○○구 ○○아파트 ○○동

【 갑 　 구 】 (소유권에 관한 사항)				
순위번호	등 기 목 적	접 수	등 기 원 인	권리자 및 기타사항
1 (전 3)	소유권이전	2000년 2월 1일 제 123123호	2000년 1월 1일 매매	소유자 김○○ 700101-******* 서울 ○○구 ○○동
				부동산등기법 제177조의 6 제1항의 규정에 의하여 2010년 3월 2일 일 전산이기
2	소유권이전	2010년 4월 1일 제 456456호	2010년 3월 7일 매매	소유자 이○○ 750202-******* 경기 ○○구 ○○동

✅ 집 주인이 실제 소유자인가 확인!

✅ 소유권 제한하는 권리(가압류, 압류, 경매등) 확인!

✅ 권리간의 순위 확인!

③ 을구: 대출과 권리관계 확인

【 을　　구 】	(소유권 이외의 권리에 관한 사항)			
순위번호	등 기 목 적	접　　수	등 기 원 인	권리자 및 기타사항
1 (전 1)	근저당권설정	2000년 2월 1일 제 123123호	2000년 2월 1일 제 123123호	채권최고액　금130,000,000원정 채무자　　000

✔️ 근저당(대출)이 많은가 확인!

　을구에 집에 대출이 있는지 확인할 수 있는데, 이미 집에 대출되어 있는 채권과 전세보증금의 합이 주택가격의 90%(공시가격의 126% 이하)일 경우에만 전세보증보험 가입 가능하다. 예를 들면, 공시가격이 2억이라면, 등기부등본에 나와 있는 기존 주인의 대출과 내가 낼 전세보증금이 합이 공시가격의 126% 즉 2억 5,200만 원을 넘으면 전세보증보험 가입이 안 된다. 만약 집주인이 대출이 많으면 대출만큼 전세를 들어오려는 사람의 전세자금 대출 액수가 줄어들게 된다. 전세보증금을 돌려받기 어렵거나 보증보험에 가입이 안 될 수도 있으니 꼭 등기부등본에서 대출과 공시가격 알리미에서 대출 가능 금액을 확인해 보자. 특히 아파트가 아닌 경우에는 더 시간을 들여 확인해 보았으면 좋겠다.

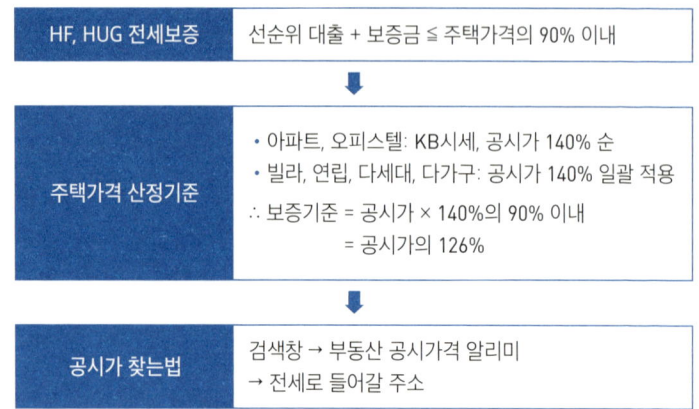

전세자금 보증 기준

HF, HUG 전세보증	선순위 대출 + 보증금 ≦ 주택가격의 90% 이내

⬇

주택가격 산정기준	• 아파트, 오피스텔: KB시세, 공시가 140% 순 • 빌라, 연립, 다세대, 다가구: 공시가 140% 일괄 적용 ∴ 보증기준 = 공시가 × 140%의 90% 이내 = 공시가의 126%

⬇

공시가 찾는법	검색창 → 부동산 공시가격 알리미 → 전세로 들어갈 주소

전세 사기를 막아주는 보험, 전세보증보험(전세자금 반환 보증보험)이란?

전세 계약은 보통 2년 단위로 계약한다. 전세 계약갱신 청구권[77]으로 추가로 2년 더 연장해서 살 수 있다. (최대 4년 거주 가능. 보증금 인상은 최대 5%) 집주인(임대인)은 계약 만료 시 전세금을 돌려줘야 한다. 보통 집주인은 현금으로 가지고 있지 않고 계약이 끝날 때쯤 현금화하여 전세금 반환을 준비한다. 현금화할 수 있는 시간이 필요하므로 최소 2달 전까지는 말해주는 것이 좋다. 그런데 다음과 같은 경우는 전세금을 못 돌려받는 문제가 생길 수 있다.

집값이 떨어졌거나, 새 세입자가 안 들어오거나, 집주인이 전세금을 다른 데 써버렸다면?

특히, 집값이 떨어질 때 전세금을 돌려받지 못하는 전세 사기가 많이 발생하고, 실제로 전세 사기 피해 금액[78]은 최근 몇 년간 수조 원대로 증가하고 있다. 그래서 생긴것이 바로 전세보증보험(전세자금 반환 보증보험)이다.

> ### 전세보증보험(전세자금 반환 보증보험)이란?
>
> 전세 기간 종료 후 30일 동안 전세금을 돌려받지 못하는 경우 보증회사 (주택도시보증공사, SGI 서울보증 등)가 임대인(집주인)을 대신하여 임차인 (전세 세입자)에게 보험금으로 전세금을 반환하는 보험이다.

전세 사기가 많아지면서 은행에서 전세대출을 받을 때 공적 보증 기관인 주택도시보증공사나 한국주택금융공사의 전세보증보험을 함께 드는 경우가 대부분이다. 허술한 주택임대차보호법의 약점이 있어서 은행과 공적 보증기관이 낀 거다.

집을 알아보기 전 이 질문부터!
전세보증보험을 가입할 수 있는 집인가?

전세보증보험은 전세금을 돌려받지 못할 때 보증기관에서 먼저 전세금을 세입자에게 돌려주고 나중에 집주인에게 받는 구조다. 그 래서 보증기관은 아무 집이나 다 보증해 주지 않는다.

매매가 < (대출+ 전세보증금) 이면 깡통전세 가능성이 있어서 보험 가입이 거절된다. 이런 집은 계약 자체를 다시 생각해야 한다.

전세보증보험 어디서 가입하지?

전세보증보험은 주택도시보증공사, 한국주택금융공사, SGI 서울보증보험 중에서 가입 가능하다. 주택도시보증공사HUG의 전세보증보험을 주로 많이 이용한다. 한국주택금융공사 전세보증 보험은 보증료가 저렴하지만 한국주택금융공사 전세자금 대출 이용자만 가능하다. SGI서울보증은 전세가 7억이 넘는 고가주택도 가입 가능하므로 나에게 맞는 보증보험을 찾아 가입하는 것이 좋겠다.

신청은 전세계약서상의 임차인 본인이 신청해야 하고, 신청하려는 주택에 거주하면서 전입신고, 확정일자를 마쳤어야 한다. 전세 계약은 집주인과의 사적인 계약이기 때문에 전세 계약 시 문제가 발생하지 않게 보증보험 가입까지 꼼꼼하게 진행해야 한다. 문제는 임차인이 전세보증보험에 가입하려면, 이미 전세 계약을 하고 확정일자 받은 전세계약서, 보증금 지급영수증 등을 제출해야 한다는 것이다. 따라서, 전세를 계약하기 전에 등기부등본을 먼저 살펴보고 본인이 계산을 하고 위험한 집인지를 꼭 판단해야 한다.

전세보증보험 비교

	HUG주택도시보증공사	HF한국주택금융공사	SGI서울보증
운영주체	공공		민간
보증 대상	아파트, 단독, 다가구, 연립, 다세대, 주거용 오피스텔 등		
신청	카카오페이, 토스 등 비대면 가능	전세자금 대출과 연계운영 은행 창구에서 상담,신청	카카오페이, 토스 등 비대면 가능
전세금 한도	수도권 7억 원 그 외 5억 원		아파트 제한 없음 (그 외 10억 원 미만)
보증신청 기한	전세 계약기간 1/2 경과전까지	전세계약서상 잔금지급일과 전입신고일 중 빠른 날로부터 3개월 이내	전세 계약기간 1/2 경과전까지
보증 한도	- 수도권, 규제 지역 주택가격의 80% - 지방 (규제지역 외) 주택가격의 90% (시행 2025.7.21.)		
보증료	아파트 연 0.13% 아파트 외 연 0.15%	연 0.02~0.4%	연 0.183~0.273%

* 주택가격은 공시가격/실거래 가격으로 우선 판단.

정리하면 집주인이 임대사업자라면 전세보증보험 가입 의무[79]이다. 집주인이 임대사업자가 아니라면 의무가 아니다. 대신 세입자(임차인)이 원하는 경우 보험을 직접 가입한다. 세입자 권리 보호를 위해 집주인 동의 의무를 폐지하였다.(2018.2) 그러나 전세보증보험 가입을 했다면 해당 사실을 집주인에게 반드시 통보해야 한다.

청년 전세자금 대출

혼자 살 집을 구할 때, 당연히 내 돈만으로는 부족해, 전세자금 대출을 받는 경우가 많다.

예를 한번 들어보자.

전세보증금이 1억 원인 집에 살고 싶다면?

대출은 보통 전세가의 최대 80%까지 가능하다.

그러면 최대 8천만 원까지 대출 가능.

→ 내가 준비해야 하는 자기 자금은 최소 2천만 원이다.(최근 정부가 정책자금 대출을 줄여, 종잣돈을 더 모아야 한다.)

대출이자 계산법은?

대출금리 4%라면?

연이자는 8천만 원 × 4% = 320만 원

→ 한 달에 약 27만 원 정도 대출이자 부담이 생긴다.

우리가 독립할 때 전세로 가겠다 하면 생각할 것

• 이사 가고 싶은 전세 금액은? 내가 모은 돈은? 전세대출을 얼마나 빌릴 수 있는지?

• 한 달 이자는 얼마까지 부담 가능할까?

즉, 내가 지금 모은 돈과 대출 가능한 액수, 감당할 수 있는 월 이자 부담을 기준으로 전세보증금 한도를 정해야 한다.

청년 전세자금 대출

전세자금이 부족할 때는 제일 먼저 청년을 위한 정부 지원 전세자금 대출-주택도시기금의 청년버팀목 전세자금 대출을 확인하자.

청년정책 금융상품은 소득과 나이를 기준으로 하고 그 외 자산 등 조건이 있다. 금리는 청년 버팀목 전세자금 대출이 가장 저렴하다. 청년버팀목 전세자금 대출 가능 조건이 안된다면 일반 은행 청년 전월세보증금 대출을 알아본다.

청년 전세자금 대출

	청년 버팀목 전세자금 대출	은행권 청년 맞춤형 전세대출
상품 특징	[주택도시 기금대출] 전세자금이 부족한 청년들에게 정부가 지원하는 저금리 전세자금 대출	[은행권 전세대출] 청년층의 주거비용 경감을 위한 금융위원회의 정책상품 (대출금리 , 한국주택금융공사 보증료 우대)
장점	정부 지원, 낮은 금리	신청 절차 간편, 모바일 신청 가능
신청 방법	은행(임차주택 근처 영업점) or '기금 e 든든' 사이트	
연령	만 19세~34세	만 19~34세
소득 요건	연 5,000만 원 이하 (신혼가구 7,500만 원 이하) (다자녀가구 6,000만 원 이하)	부부합산 연 7,000만 원 이하
자산 요건	부부 합산 자산 기준 3.37억 원 이하[80]	
주택소유여부	무주택 세대주(예비 세대주 포함)	무주택 세대주(예비 세대주 포함)
대상 주택	임차 전용면적 85㎡ 이하 및 임차보증금 3억 원 이하 (단, 만 25세 미만 단독 세대주인 경우 60㎡ 이하) 주거용 오피스텔 신청 가능	임차보증금 7억 초과하면 대출 불가 (수도권 외 5억) 모든 주택 및 주거용 오피스텔
대출 한도	전세 금액의 80% 이내에서[81] 최대 1.5억(만25세 미만 단독 세대주 1.2억 원 이하)	전세 금액의 90% 이내에서 최대 2억(한국주택금융공사 보증서 발급 가능 금액에 따름)
대출 기간	기본 2년(4회 연장 최대 10년)	만 34세 이하까지 횟수 제한 없이 기한 연장 가능하며, 만 35세 이상은 1회에 한하여 2년 이내 기한 연장 가능
금리	최저 연 2.2-3.3%	최저 연 3.5%~
금리 방식	변동금리	변동금리
상환 방식	일시상환 또는 분할상환	일시상환
보증	① 한국주택금융공사 전세대출보증 ② 주택도시보증공사 전세금안심대출보증	한국주택금융공사 보증서

전세 계약 후 할 일

전세 계약 시 다음과 같은 특약 문구를 넣자고 하자. 이렇게 해두면 잔금 전 새롭게 담보대출이나 소유권 변경이 발생하면 계약 해지가 가능하여 나의 전세금 보호에 도움이 된다.

> "잔금 지급일 다음 날까지 등기부등본 상태를 유지해야 하며,
> 위반 시 계약을 해지할 수 있다."

전세 계약서에 도장을 찍었다고 끝이 아니다. 진짜 중요한 건 그 다음! 전입신고와 확정일자 받기, 이 두 가지를 꼭 해야 내 보증금을 지킬 수 있다.

> 전입신고 + 확정일자 = 보증금 보호

전입신고와 확정일자 받은 날 중 가장 뒤에 이루어진 날 기준으로 다음날 0시부터 전세 대항력과 우선 변제권이 생긴다. 그러니까, 이사한 당일 정신없더라도 주민센터에서 전입신고와 확정일자 받기를 모두 마무리해야 한다. 또한 잔금 지급 전후 등기부등본 보며 변경된 내용 있는지 확인해 보아야 한다.

전세 계약 후 필수로 해야 할 일

전세 계약 후 할 일	시기	효과
① 확정일자 받기	계약 즉시 or 이사 당일	우선변제권 확보
② 전입신고 하기	이사 후 14일 이내	대항력 확보
⇒ ①② 모두 완료	다음날 0시부터	전세보증금 법적 보호 완성!

확정일자

확정일자는[82] 전세 계약을 언제 했는지 계약체결 날짜를 공적으로 남기는 절차를 말한다. 확정일자 날짜는 집이 경매에 넘어가는 등 문제가 생겼을 때 전세보증금 회수 순서를 결정하기 때문에 우선 변제권 확보[83]로 보증금을 보호할 수 있는 장치이다. 확정일자를 받아야 전세 입주 후 그 집에 은행이나 다른 사람이 근저당(대출)을 잡아도 그들보다 먼저 순위가 있다는 우선 변제권이 생긴다. 참고로 우선변제권이란 집이 경매로 넘어가도, 후순위 채권자보다 먼저 내 전세금을 돌려받을 수 있는 권리를 말한다.

확정일자	
언제?	전세 계약서를 작성한 경우, 잔금 미지불 상태에서도 확정일자를 받을 수 있다.
어디서?	거주지 관할 주민센터 or 등기소, 인터넷 등기소[84] 등 (계약서 원본에 도장을 찍어야 하기 때문에 계약서 원본과 신분증 지참)
어떻게? 효력?	계약서에 확정일자 날짜 도장을 주민센터에서 찍어줌. 우선변제권 확보
효력은 언제부터?	실거주 + 전입신고 + 확정일자 받은 다음 날 오전 0시 (계약일과 상관없이 도장을 받은 날부터이므로 최대한 빨리 받자!)

전세계약서 원본을 들고 가서 확정일자 도장을 찍어야 한다. 그러나 확정일자만으로 부족하다. 전입신고도 해야 우선변제권이 완성된다.

전입신고

전입신고는 이사한 집에 내가 실제로 살고 있다고 법적으로 신고하는 절차이다. 거주지를 옮길 때 새로 살게 된 곳의 관할 관청에 새로운 주소지로 나의 거주지가 변경되고 이사했다는 사실을 알리는 것으로 주민등록법에 따른 법적 절차이다. 전입신고를 해야 "여기 내가 살고 있으니까, 계약 끝날 때까지 못 나가!"라고 주장할 수 있는 대항력[85]이 생긴다.

전입신고	
언제까지?	이사한 날부터 14일 이내 (기한 내 신고하지 않으면 5만 원 이하의 과태료 부과)
어디서?	내가 새로 이가 사는 거주지 관할 주민센터 or 온라인(정부 24) (서류: 주민등록증, 이사한 집 계약서 등)
전입신고 효력?	① 주민등록상의 효력 　(선거 투표소 지정, 세금 안내서 발송, 건강보험, 병역의무자 신고 등) ② 행정적 서비스 제공(주민센터 각종 복지 서비스 등)
효력은 언제부터?	전입 신고한 다음 날 0시부터

매매와 대출

청년들의 장기목표 중 하나가 내 집 마련일 것이다. 집값이 비싸니 대부분 모은 종잣돈에 대출받아 매매한다. 그래서 집을 살 때는 얼마까지 대출이 가능한지를 아는 것이 중요하다. 대출을 얼마나 받을 수 있는지를 결정하는 대표적인 기준이 바로 LTV, DTI, DSR이다.

LTV Loan To Value ratio: 주택담보인정비율

집을 담보로 잡고, 집값의 몇 %까지 대출을 해줄 수 있을지 보는 기준이다.

예전에는 집값만 보고 대출을 해주었다. 내가 살 집을 담보로 금융기관에서 돈을 빌려주었다. 문제가 생겨도 집을 압류해서 경매로 넘겨 원금을 회수하면 되니까 말이다. 이 개념이 LTV 주택담보대출비율이다.

즉, 집값 대비 대출 비율. 예를 들면 집값이 5억이고 LTV가 70%면 최대 3억 5천까지 대출이 가능하다는 얘기다.

DTI Debt To Income Ratio: 총부채상환비율

소득 기준으로 대출을 얼마나 받을 수 있을지를 보는 기준이다.

DTI는 노무현 정부 때 주택가격이 상승하면서 가계부채 관리를 위해 도입하였다. 주택담보대출을 원금과 이자를 동시에 상환하는 구조로 변경이 되니 매달 집값 대출의 원금과 이자를 잘 상환할 수 있는지가 중요해졌다. 이렇게 해서 나온 것이 DTI이다.

즉, DTI는 내가 벌어들이는 돈(연 소득)을 기준으로 집 대출의 원금+이자를 감당할 수 있는지를 보는 것이다. 소득 대비해서 집값과 관련된 원금과 이자를 너무 많이 상환하면, 생활도 힘들다고 보는 것이다. 소득이 되면 LTV에서 계산된 금액만큼 대출이 다 나오지만, 집값 대비 소득이 낮다면 대출 가능 금액이 낮아진다.

DSR Debt Service Ratio: 총부채원리금상환비율

집 대출뿐만 아니라 내가 대출한 모든 대출금의 원금(마이너스 통장, 학자금, 자동차 할부 등)+이자가 소득에 비해 어느 정도인지 보는 기준이다.

사람들은 집과 관련된 대출만 있는 것이 아니고, 다른 대출도 있다. 자동차 할부, 마이너스 통장 등등. 이것까지도 다보겠다는 것이 DSR이다. 즉 DSR은 대출하는 사람의 소득에서 집 대출뿐만 아니라 모든 대출의 원금과 이자를 얼마나 내고 있는지를 더 촘촘하게 보겠다는 것이다. 즉, 소득대비 대출 상환능력을 더 엄격하게 따지고 빌려주겠다는 기준이라고 보면 된다

스트레스 DSR

앞으로 금리가 더 오를 것까지 고려해서 대출을 줄이겠다. 즉, 금리 인상까지 고려해서 대출 심사를 더 보수적으로 하겠다는 것이 스트레스 DSR이다. 2025. 7. 1부터 스트레스 DSR3 단계가 시행되었고, 2025. 10. 16부터 수도권, 규제지역 내 주택담보대출에 스트레스 DSR 대출금리 에 3%를 높여 계산한다. (실제 대출금리는 아니고 버틸 수 있는 이자로 계산하여 총 대출액을 산정하는데 사용된다.)

대출의 기준: LTV, DTI, DSR

	LTV(Loan To Value ratio) 주택담보 인정비율	DTI(Debt To Income Ratio) 총 부채 상환비율	DSR(Debt Service Ratio) 총 부채 원리금 상환비율
기준	집값	소득	소득
풀이	집값 대비 대출 비율	내 소득에서 집 대출이 부담 가능한지	내 소득에서 모든 대출이 부담 가능한지
	$\dfrac{\text{대출금액}}{\text{부동산의 실제 가치}} \times 100$	$\dfrac{\text{주담대 연간 원리금 상환액} + \text{기타이자상환액}}{\text{부동산의 실제 가치}} \times 100$	$\dfrac{\text{주담대 연간 원리금 상환액} + \text{기타이자상환액}}{\text{부동산의 실제 가치}} \times 100$

즉, LTV로 집값 최대 대출액을 살펴보고, DTI, DSR로 최대 대출액과 월 상환액을 구한다.

대출 한도, 금리 등을 체크해 보며 가장 유리한 대출을 선택한다. 각 정부는 시기에 따라 이 비율들을 조절하면서, 대출을 조이기도 하고 풀어주기도 한다. 내가 집을 살 시점에 어떤 기준이 적용되는지 잘 확인해야 한다.

2025년 10월 기준 부동산 규제정책은 아래와 같다.

집 대출 규제 정책[89]

구분	LTV	DTI	DSR
무주택자 & 6개월 이내 기존주택 처분자)	• 비규제 지역 70% • 규제 지역 40% (서울 전역, 경기 12개 지역) (생애최초 LTV 70%)	디딤돌, 보금자리론 60% (정책대출은 DTI만 적용)	총대출 1억 초과하면 은행권 40% 비은행권 50%
	• 수도권, 규제 지역 → 대출 최대한도 6억[87] • 디딤돌정책대출 한도 축소[88](최대 4억원)	투기, 투기과열지구 40% 조정대상지역 50% 나머지 60%	(스트레스 DSR 3단계적용)[86]
1주택자 이상	0% (대출 안 됨)		

(2025.10 현재)

예를 들어 아래의 내용으로 대출받을 때 최대로 대출받을 수 있는 금액을 살펴보자.

항목	내용
집값	6억 원(비규제지역)
연소득	4,000만 원
대출 상환기간	30년
기타 대출	신용대출 3,000만 원 (5% 금리) 자동차 할부 2,000만 원. 5년 상환 (5% 금리)
적용 규제	LTV 70%, DTI 60%, DSR 40%

① LTV 70% 기준 → 집값의 70%까지만 주택담보대출 가능

: 6억 × 70% = 4억 2천만 원(일단 이 금액이 가장 많이 받을 수 있는 금액의 상한선)

② DTI 60% 기준 → 주택담보대출 원리금 상환액 ≤ 연소득의 60%

: 만약 4억 2천만 원을 30년 원금 균등상환 기준으로 한다면, 기존 대출 이자 신용대출 연이자 150만 원, 자동차 할부 연이자 약 50만 원, 합 200만 원 정도를 포함하여 DTI를 계산하면 61.08%가 나온다. 60%가 넘어 대출액을 조금 줄어야 한다.(만약 디딤돌 한도가 4억이라면, 최대 4억만 대출 가능)

즉, LTV로 집값 최대 대출액을 살펴보고, DTI, DSR로 최대 대출액과 월 상환액을 구한다. 정책자금 대출 집값, 한도, 금리 등을 체크해 보며 가장 유리한 대출을 선택한다.

LTV 계산기	DTI 계산기

* 부동산 계산기.com을 활용하면 계산이 쉽다.

대출순서는 나에게 맞는 정부 정책대출이 있는지 살펴본다. 크게

주택도시보증공사HUG의 디딤돌 대출과 한국주택금융공사HF의 보금자리론이 있다. 정부 정책대출은 소득, 자산, 대상 주택, 대출 한도 등의 기준이 있기 때문에 해당 여부를 잘 살펴본다. 안되면, 은행 대출을 이용한다.

정부정책 주택구입자금 대출 상품

	디딤돌 (주택도시보증공사: HUG)		보금자리론 (한국주택금융공사: HF)
상품명	디딤돌 기본	청년 주택드림 디딤돌	- U-보금자리론: 주택금융공사 홈페이지 신청 - 아낌e보금자리론: 거래를 전자적으로 처리 - T 보금자리론: 은행에 방문해서 직접 신청
대상	- 주택매매계약을 체결한 자(상속 증여 재산분할로 주택 취득하는 경우 불가) - 대출접수일 현재 민법상 성년인 세대주만 (30세 미만 단독 세대주나 미혼 세대주 대출 제외) - 세대주 포함한 세대원 전원 무주택자 - 중복대출 금지	입주자모집공고일 이전 보유한 청년주택드림통장을 주택 청약당첨(청약 당첨 시 만39세 이하)되어 해당 청약 주택드림 통장과 연계하여 디딤돌 대출을 신청하는 자 (단, 대출실행 기준 1년 이상 가입 및 1천만 원 이상 납부 요건 충족 필요)	민법상 성년인 대한민국 국민
소득	- 부부 합산 연소득 6,000만 원 이하 - 생애최초 주택구입자 연소득 7,000만 원 - 2자녀 이상 가구 연소득 7,000만 원 - 신혼가구 연소득 8,500만 원 이하	- 미혼가구 연소득 7,000만 원 - 신혼가구 부부 합산 연소득 1억 원 이하	- 부부 합산 연소득 7,000만 원 이하 - 7천 이내 신혼가구 연소득 8,500만 원 - 미성년 자녀 1자녀 가구 연소득 9,000만 원 - 다자녀가구 1억
순자산가액	4.88억원 이하 (2025년 기준)		
주택보유요건	무주택 세대주	무주택 세대주	무주택 기한 내 처분하는 조건으로 대체 취득을 위한 일시적 2주택자 가능
대상주택	대출접수일 현재 평가액 5억 원 이하 (신혼가구, 2자녀 이상 6억 원 이하) (전용 85㎡ 이하/수도권 외 제외한 읍·면지역 100㎡ 이상 미만 60㎡ 이하/수도권 제외 읍, 면지역 읍, 면 70㎡ 이하)	대출접수일 현재 평가액 6억 원 이하 전용 85㎡ 이하 (수도권 제외한 읍, 면 지역 100㎡ 이하)	대출접수일 현재 평가액 6억 원 이하
대출한도	일반 2억 원 / 생애최초 일반 2.4억 원 / 신혼, 2자녀 이상 3.2억 원 / 신생아 4억 원 (만 30세 이상 미혼 단독세대주 1.5억 원)	미혼 3억 원 / 신혼 4억 원 이내	3.6억 원 / 다자녀가구, 전세사기피해자 4억 원 / 생애최초 주택구입자 4.2억 원 이내
			LTV 70%, DTI 60% 이내
대출기간	만기 10, 15, 20, 30년	만기 10, 15, 20, 30년 (연소득 4000만 원 이하는 40년 가능)	10, 15, 20, 30, 40, 50년 중 선택 가능 (만 39세 이하(신혼가구 만 49세 이하) - 40년 (만 34세 이하(신혼가구 만 39세 이하) - 50년
대출금리	연 2.85% ~ 연 4.15%	2.4% ~ 4.15%	3.75 ~ 4.05% (우대금리 최대한도 1%)

주택도시보증공사와 한국주택금융공사 비교

	주택도시보증공사(HUG) Korea Housing & Urban Guarantee Corporation	한국주택금융공사(HF) Korea Housing Finance Corporation
관련법	주택도시기금법 16조 근거	한국주택금융공사법
설립	2015.7	2004.3.1
주무 기관	국토교통부	금융위원회
주업무	주택건설, 도시재생사업	주택 금융 업무 더 많음
설립 목적	• 주택도시기금법 제1조(목적) 주택도시기금을 설치하고 주택도시보증공사를 설립하여 주거복지증진과 도시재생 활성화를 지원함으로써 국민의 삶의 질 향상에 이바지함을 목적으로 한다. • 주택도시기금법 제16조(설립): 이 법의 목적을 달성하기 위한 각종 보증 업무 및 정책사업 수행과 기금의 효율적 운용·관리를 위하여 주택도시보증공사를 설립한다.	주택저당채권 등의 유동화와 주택금융 신용보증 및 주택담보노후연금보증 업무를 수행하게 함으로써 주택금융 등의 장기적, 안정적 공급을 촉진하여 국민의 복지증진과 국민경제의 발전에 이바지
주요 업무 및 대표상품	• 주택 구입대출 - 디딤돌 • 전세 자금대출 - 버팀목 • 보증업무(주택분양, 전세보증금 반환보증 등)	• 보금자리론, 적격대출 공급 • 주택보증 • 주택연금 • 유동화 증권 발

주택도시기금 - 청년 주택드림 디딤돌 대출	주택금융공사 - 보금자리론

집 살 때 부동산에서 돈 부족하면
대출 해주는 사람 소개해 준다고 하는데요?

우리가 보통 직접 은행에 가거나 은행 앱에서 대출한다. 그러나
은행별 계약을 맺고 고객에게 대출 상품을 소개하고 연결 해주
는 대출모집인[90]이 있다. 대출모집인은 금융회사로부터 대출 상
품에 대한 판매 대리·중개업무를 위탁받아 수행하는 자로써 금
융회사 직원은 아니며, 대출 연결 해주는 수수료는 금융회사에
서 받는다.

대출모집인은 영업시간에 맞춰 지점을 방문할 필요가 없고, 바
쁜 은행원보다 조금더 자세하게 대출 설명을 해주는 장점도 있
다. 대출 상담을 받을 때는 대출모집인이 정식 등록된 사람인지
확인하는 것이 중요하다.

최근 규제 개혁으로 인해 대출모집인의 1사 전속 의무가 폐지될
가능성이 있다. 이에 따라 특정 금융사의 상품을 우선 추천하는
경우가 발생할 수 있으므로 신중하게 판단해야 한다. 결국 중요
한 것은 믿을 만한 금융기관과 사람을 선택하는 것이다.

대출모집인을 만났다면 꼭 확인해야 할 4가지!!

❶ 등록 여부 확인

→ 등록 여부는 은행연합회 대출성 상품모집인 조회 서비스에서 확인 가능하다.(https://www.loanconsultant.or.kr조회가능)

❷ 등록증 및 명함 확인

→ 명함에 등록번호가 없거나 등록증을 제시하지 않는다면 피해야 한다.

❸ 개인정보 요구 시 거절

→ 인감도장, 통장, 비밀번호, 송금을 요구하면 무조건 거절해야 한다.

❹ 수수료 요구는 불법

→ 소비자는 수수료를 내지 않는다. 수수료는 금융회사가 지급한다.[91]

부동산 세금

20대에 집을 사는 경우가 많지는 않지만, 집값만 보지 말고, 집을 취득 보유, 양도할 때도 세금을 낸다는 것, 가격과 주택 수에 따라서 세금이 높아진다는 것을 알아두자.(참고로 세금은 자주 바뀌기 때문에 대략적인 것들을 이해하고, 실제 매매할 때는 최근 버전으로 업데이트된 세금을 체크해야 한다. 앞으로 부동산 세금에 많은 변화가 생길 것 같다.)

1. 취득할 때 내는 세금

취득세: 부동산을 취득한 자에게 부과하는 세금. (주택 가격과 주택 수에 따라서 세율이 다름)

주택	구분	취득실거래가	취득세율	농어촌특별세	지방교육세
1주택자	6억 이하		1%	0.2%	0.1%
	6억 초과~9억 이하		(취득가액× 2/3억 원-3) ×1%	0.2%	취득세의 0.1%
	9억 초과		3%	0.2%	0.3%

2주택자	조정대상 지역 외	6억 이하	1%	0.2%	0.1%
	조정대상 지역 외	6억 초과~ 9억 이하	(취득가액× 2/3억 원-3) ×1%	0.2%	취득세의 0.1%
	조정대상 지역 외	9억 초과	3%	0.2%	0.3%
	조정대상지역		8%	0.6%	0.4%
3주택자	조정대상지역 외		8%	0.6%	0.4%
	조정대상지역		12%	1%	0.4%
4주택자	조정대상지역 외		12%	0.6%	0.4%
	조정대상지역		12%	1%	0.4%

(참고: 85㎡ 미만 주택은 농어촌특별세 비과세)

예 주택 85 m^2 이하 1주택 수도권 5억에 아파트 매매.

→ 6억 이하 취득세율 1% → 500만 원,

지방 교육세율 0.1%

→ 50만 원 합계: 550만 원

* 네이버에 부동산 계산기로 검색하면 바로 계산해 줌

2. 보유하고 있을 때 내는 세금[92]

재산세: 매년 6월 1일 기준으로 보유한 주택, 건물, 토지 등 모든 부동산 자산에 대해 부과하는 세금(지방세)으로 재산세는 개별 자산을 기준으로 과세한다. (주택은 매년 7, 9월에 분할납부)

🔵 **예** 공시지가 5억인 경우, 과세표준은 공시지가의 44%/재산세는

12만원+1억5천 초과금액의 0.2% ➡️ 12만원+14만원=26만원

여기에 도시지역분+지방교육세 합치면 62만원

과세표준	세율 일반	9억 원 이하 1세대 1주택 특례
6천만 원 이하	0.1%	0.05%
1억 5천만 원 이하	6만 원 + 6천만 원 초과 금액의 0.15%	3만 원 + 6천만 원 초과 금액의 0.1%
3억 원 이하	19만 5천 원 + 1.5억 원 초과 금액의 0.25%	12만 원 + 1.5억 원 초과 금액의 0.2%
3억 원 초과	57만 원 + 3억 원 초과 금액의 0.4%	42만 원 + 3억 원 초과 금액의 0.35%

종합부동산세: 개인이 가진 보유한 부동산(주택, 토지)의 합계액을 기준으로 공시가격 9억원(1주택자는 12억원)을 초과하는 세대에게 추가로 부가되는 세금(국세) (12월에 한번 납부)

3. 팔 때 내는 세금

양도소득세: 주택, 아파트, 분양권, 조합원 입주권, 토지 등 부동산 양도 시 그 차익에 대해 부과하는 세금. (양도일이 속하는 달의 말일로부터 2개월 이내에 납부, 기한 내 납부하지 않으면 가산세 부과)

➡️ 실거래가 12억 원 이하인 경우 양도소득세 전액 비과세

  12억 초과분에 대해서만 양도소득세 부과

핵심 콕!

전세, 매매 요약 정리

- 전세는 계약도 중요하지만, 보증금 보호가 더 중요하다.
  → "확정일자 + 전입신고"는 꼭 기억하자!

- 집 계약하기 전에 등기부등본 꼭 확인하자.
  → 가압류, 압류, 경매 등 되어 있는지
  → 을구에 집주인 대출 확인. 대출 너무 많으면 전세금 못 받
   을 수도 있음.
- 전세보증보험 가입 준비
  → 전셋집 물색
  → 등기부등본 확인(깡통전세 의심 시 계약 보류)
  → 계약 체결 + 전입신고 + 확정일자
  → 보증기관 비교 후 가입 신청
  → 보증료 정부 지원 가능 여부 확인
  → 가입 후 집주인에게 통보 → 끝!

- 버팀목 청년 전세대출 가능 체크리스트

  (모두 해당되면 버팀목 청년 전세대출이 가장 유리)

  - 만 19~34세

  - 연 소득 5천만 원 이하

  - 순자산 3.7억 원 이하

  - 전세보증금 수도권 1.2억 이하

  - 전용면적 85 m^2(1인 가구는 60 m^2) 이하

- 주택 매매 시에도 디딤돌 대출과 보금자리론 먼저 가능한지 살펴보고, 안되면 은행권 대출을 알아본다.(소득, 자산, 한도 등 확인)

돈 관리는 벌고, 쓰고, 모으고, 불리고, 빌리고, 나누고, 지키고를 모두 잘해야 돈 관리를 잘하는 것이다. 각 영역별로 알아야 하는 지식과, 태도, 실천적인 것들은 또 다르다. 그러니 돈 관리가 참 쉽지 않다.

책을 읽으며 아래와 같은 것들을 잘하기 위한 금융 지식과 태도와 실천력이 길러지길 바란다.

- 몸값 올리기: 자기 계발은 가장 확실한 수익률이다.
- 지출 줄이기: 덜 쓰는 연습이 돈 모으기의 첫걸음이다.
- 목표 중심 저축: 기간과 금액 설정은 물론이고 돈의 목표도 정해서 모은다.
- 3년이상 목표: 분산이 중요. ETF부터 공부한다.
- 적절한 금융 상품 선택: 목표에 맞는 금융상품은 공부하고 선택한다.
- 대출에 대한 태도: 가치가 있는 대출인지를 살펴보며 감당 가능한 내에서 영리하게 활용한다.

이 책을 쓰면서 생각했던 마음은 "복잡한 돈 관리 내가 잘 정리해 줄게, 각자에게 맞는 시스템을 만들고 꾸준하게 모아가. 그리고 돈 공부에 시간 투자 줄이고, 하고 싶은 일에 더 더 많이 시간을 보내고, 내가 좋아하는 사람과 시간 많이 보내."였다. 아주 기본적인 것부터, 실용적인 내용까지 열심히 정리했는데 그 마음이 잘 전달되었길 바라본다.

책을 쓰는 내내 정책, 법 개정, 금리변동, 청년 정책적 금융상품 변경 등 다양한 이슈가 있었다. 최대한 반영을 해서 수정하였다. 금융 시장은 굉장히 변화 무쌍하지만 변하지 않는 돈 관리의 기본을 익히고, 중심을 잘 잡길 바란다. 정책, 금리등은 자주 바뀌니 필요할때 꼭 다시한번 검색해서 살펴보자.

아참! 무엇보다 돈 관리에서 제일 중요한 것!

지식, 태도, 실천 중에서 실천이다. 모든 연구에서 금융의 실천 역량의 중요성에 대해 강조하고 있다. 나에게 도움이 된다고 하면 무조건 실천하는 여러분이 되길 바란다.

부록 ❶ 재무상태표(년 1회 정리)

	분류	상품명	금융기관	작년말 잔액	올해납입액	최종 합산액
금융 자산	단기성	급여통장	○○은행			
		특별지출통장	○○증권사			
	안정성	적금				
		예금				
		정책적금				
		청약				
	수익 추구성	국내증권				
		해외증권				
		ISA				
	기타	기타(금,채권 등)				
노후 준비 자산	연금	개인 퇴직연금 (IRP)				
		연금저축펀드				
사용 자산	주거용	전세보증금				
		집(부동산)				
	기타	자동차 등				
합계						

부채	항목	금융기관	잔액	금리	월 상환액
단기부채	생활비 대출				
장기부채	학자금 대출				
	집관련 대출				
인간관계 부채	친구, 부모님 등				
총 부채					

순자산 (총자산 - 총부채)	원

(순 자산이 매년 늘어나면 돈 관리 잘하고 있는 것임)

부록 ❷ 현금흐름표(월 1회 정리)

소득 = 선저축 + 후지출

구분	항목(예시)		금액(월)
소득(세후)	용돈		
	알바비		
	월급여		
	기타소득 등		
	합계		

구분	항목(예시)		금액(월)
저축 및 투자	특별지출통장	CMA OR 인터넷은행	
	적금통장	정책적금 OR 목적별 적금	
	청약통장		
	투자통장	ISA	
		해외주식계좌 등	
	노후통장	개인 IRP	
		연금저축펀드	
	합계		

지출

	카테고리(예시)	사용 금액	예산
고정지출	월세		
	교통비		
	식비		
변동지출	외식비		
	카페비		
	편의점비		
특별지출	경조사비		
	여행비		
	병원비		
합계			

CHAPTER 1. 돈에도 목적지가 필요하다

- 국가통계연구원(2025). 한국의 SDG 이행보고서 2025.

- 국무조정실(2025.3.11.) 24년 '청년의 삶 실태조사' 결과발표 보도자료

- 김정환(2023.10.25.). 이러려고 은퇴한게 아닌데. 매일경제

    https://www.mk.co.kr/news/economy/10858596

- 김진성(2023.9.). 저출산 시대 청년의 경제적 삶과 금융. KB 금융지주 경영

    연구소.

- 서민금융진흥원(2025.3.31.). 2024년 청년금융 실태조사 결과. 보도자료.

- 통계청 (2024.7.16.). 2024년 5월 경제활동인구조사. 청년층 부가조사 결과

    보도자료.

- 한영혜(2022.1.8.). 인간 수명 130세 돌파 가능 英 연구팀 그 근거 찾았다.

    중앙일보 https://www.joongang.co.kr/article/25039136

CHAPTER 2. 소비를 통제해야 돈이 남는다

CHAPTER 3. 저축은 나를 지키는 첫 방어막

- 국세청(2025.4.) 2024년 귀속 금융소득 종합과세 해설.

- 금융감독원. 금융상품한눈에 https://finlife.fss.or.kr/finlife/main/main.

  do?menuNo=700000

- 금융감독원 금융통계정보시스템 https://fisis.fss.or.kr/page/fsv301.jsp

- 금융위원회(2024.12.26.) '25년 1월부터 청년도약계좌 기여금이 확대됩니

  다. 금융위원회 보도자료.

- 금융위원회(2025.7.22.) '25.9.1일부터 예금을 1억원까지 보호합니다. 금융

  위원회 보도자료

- 복지로 www.bokjiro.go.kr

- 새마을금고중앙회(2023). 2023 새마을금고 통계.

- 서민금융진흥원-청년도약계좌

  https://www.kinfa.or.kr/financialProduct/learnMorePopup.do

- 장병내일준비적금금리 https://portal.kfb.or.kr/compare/receiving_

  youth_leap_2.php

- 자산형성포털 https://hope.welfareinfo.or.kr

- 이향용(2023.9.). 이자수익 중심 구조 벗어나 독자적 부가가치 창출하는 산

  업으로. KDI 나라경제

- 한국은행-지급준비제도 https://www.bok.or.kr/portal/main/contents.

  do?menuNo=200297

- k bank-상품안내

  https://www.kbanknow.com/ib20/mnu/FPMDPT130000

- toss bank-통장

  https://www.tossbank.com/product-service/savings/account

- kakao bank – 상품안내 – 통장, 저축

  https://www.kakaobank.com/products/withdrawal

CHAPTER 4. 투자, 작게 시작해도 괜찮아

- 대학생을 위한 실용금융 4판. 금융감독원 2024.2

- 삼성증권 계좌개설안내 https://www.samsungpop.com/

- 전국투자자교육협의회(2024.12.). 청소년을 위한 금융투자 가이드.

- 투자도, 삶의 철학도 '대체 불가'…워런 버핏 60년. 매일경제. 2025.5.27.

  https://www.mk.co.kr/news/economy/11327242

- 한국거래소 https://www.krx.co.kr/main/main.jsp

- KRX ETF · ETN Monthly 2025년 9월호(제171호). KRX.

- Rise ETF. https://www.riseetf.co.kr/guid/investor

CHAPTER 5. ETF, 주식보다 쉬운 투자로 시작하기

- 국세청(2025.4.). 2024년 귀속 금융소득 종합과세 해설.

- 금융감독원. 연금저축 제도안내.

  https://www.fss.or.kr/fss/main/contents.do?menuNo=200974

- 금융투자협회(2025.7.30.) 국민 자산관리계좌 ISA 40조원 돌파. 보도자료.

- 김동엽(2021) 국내상장 해외 ETF투자, 절세 계좌를 활용하라. 미래에셋
  투자와연금센터

  https://securities.miraeasset.com/public/mw/blog/

  html/20210420111222.html?ver=20210425065027

- 문혜원(2025.7.30.) 국민자산관리계좌 ISA 가입액 40조 돌파

  https://www.news1.kr/finance/general-stock/5863511

- 박광수, 양재영, 주소현(2018). 개인재무설계. 시대가치.

- 박정식, 박종원, 암윤성(2018). 현대투자론. 법문사

- 신지숙, 이해영, 홍영복(2018). 증권 투자의 실제. 탐진

- 전국투자자교육협의회(2025)/ 2025 금융투자 절세가이드

- 전국투자자교육협의회(2025). 금융투자 절세가이드

- 한국거래소(2016). 똑똑한 자산관리 ETF ETN

- 한국납세자연맹-연말정산계산기

  https://www.koreatax.org/tax/taxpayers/turn64/turn64_2025_step1.php#

- 황숙혜(2025.5.19.) 두 번째 버핏은 없다.

  https://www.newspim.com/news/view/20250519001099

CHAPTER 6. 신용 – 신뢰를 쌓는 첫걸음

- 금융감독원(2024.8.26.). 단기 연체 시 연체정보 공유 관련 소비자 유의사
  항. 보도자료

- 나이스 지키미 https://www.credit.co.kr/ib20/mnu/BZWMFPPSC20

- 송현주(2025.3.24.) 빚 안 갚으면 칼 들고 찾아간다. 사채 평균 이자율
  503%. 이코노미스트

  https://economist.co.kr/article/view/ecn202503240059

- 여신금융협회 공시정보포털 https://gongsi.crefia.or.kr/

- 카드고릴라 https://www.card-gorilla.com/home

- 토스뱅크 비상금대출 https://www.tossbank.com/product-service/loans/
emergency-loan

- All credit https://www.allcredit.co.kr/screen/sc3562549629?acpn=pcmain_
click_91

- NICE평가정보 https://www.credit.co.kr/ib20/mnu/BZWMFPPSC20

CHAPTER 7.   대출의 기초 체력 만들기

- 금융감독원. 금융상품한눈에. 개인신용대출.
https://finlife.fss.or.kr/finlife/ldng/indvlCrdt/list.do?menuNo=700009

- 금융감독원(2024.2.8.) 온라인, 원스톱 대환대출 인프라, 대출 갈아타기 서
비스 이용현황 및 서비스 이용 편의성 개선 계획 보도자료.

- 금융감독원(2024.2.9.) 소비자 안내를 강화하고 공시를 개선하는 등 금리
인하요구제도의 실효성을 제고하겠습니다. 보도자료

- 금융감독원(2024.4.16.) 대출 받은 후 14일 이내 취소하고 싶다면 대출 청
약철회권을 적극 활용하세요[금융꿀팁 152] 보도자료

- 금융감독원(2024.6.18.) 대출 갈아타기 서비스 관련 추진중인 개선과제 보
도자료.

- 은행연합회 소비자포털-대출금리에 대한 이해
https://portal.kfb.or.kr/compare/loan.php

- 한국대부금융협회(2025.3.24.) 한국대부금융협회, 불법사금융 피해구제 실
적 발표 https://economist.co.kr/article/view/ecn202503240059

- 한국장학재단-학자금대출

https://www.kosaf.go.kr/ko/tuition.do?pg=tuition_main

CHAPTER 8. 내 집 마련의 기본 청약통장

- 국토교통부(2024.2.20.). 청년주택드림청약통장, 2월 21일 출시. 보도자료

- 국토교통부(2024). 2024 주택청약 F&Q

- https://m.molit.go.kr/viewer/skin/doc.html?fn=b62c6597e3c3ce0ef758
646386c2dfe2&rs=/viewer/result/20240529

- 뉴홈 https://xn—vg1bl39d.kr/main.do

- 마이홈 https://nhuf.molit.go.kr/ (주택 및 주거복지와 관련된 모든정보)

- 신유진(2024.3.27.). 서울 공공아파트 청약, 평균 2264만원 납입해야 당첨.
머니S

- 주택도시기금 https://nhuf.molit.go.kr/

- 주택도시기금 https://nhuf.molit.go.kr/FP/FP07/FP0701/FP07010301.jsp

- 청약홈 https://www.applyhome.co.kr/co/coa/selectMainView.do

- 한국부동산원(2025). 주택청약의 모든 것. 한빛 비즈.

- LH 청약 + https://apply.lh.or.kr/lhapply/main.do

CHAPTER 9. 전세부터 매매까지 첫 집 구하기

- 공공데이터포털. 주택도시보증공사 전세금안심대출보증 신청건수 및 보
증사고건수 및 금액 https://www.data.go.kr/data/15128044/fileData.do

- 국세청(2025.5.21.). 2025 주택과 세금 https://www.nts.go.kr/

- 금융위원회(2025.6.27.). 긴급 가계부채 점검회의를 개최하여 수도권 중심

의 가계부채 관리방안 발표 관계부처합동 보도자료.

- 금융위원회(2025.9.7.). 주택공급 확대방안 관련 긴급 가계부채 점검회의 개최. 관계부처합동 보도자료.

- 금융위원회(2025.10.15.). 주택시장 안정화 대책. 관계부처합동 보도자료.

- 부동산공시가격알리미

  https://www.realtyprice.kr/notice/main/mainBody.htm

- 부동산 계산기 https://xn—989a00af8jnslv3dba.com/

- 은행연합회. 대출성 금융상품판매대리, 중개업자 통합조회. https://www.loanconsultant.or.kr

- 이종용, 이재희(2025.4.25.) 주거사다리 걷어찬 대출 규제…"실수요자 LTV·DSR 풀어야" 뉴스토마토

  https://www.newstomato.com/ReadNews.aspx?no=1260071&inflow=N

- 인터넷 등기소 https://www.iros.go.kr/

- 정부24. 국토교통부 전세보증금반환보증 보증료 지원.

  https://www.gov.kr/portal/rcvfvrSvc/dtlEx/161300000103?administOrgCd=

- 주택도시기금 https://nhuf.molit.go.kr/

- 주택도시보증공사 전세금안심대출보증 https://www.khug.or.kr/hug/web/ig/dl/igdl000001.jsp

- 토스 https://toss.im/tossfeed/article/ltv-dti-dsr

- 한국주택금융공사 https://www.hf.go.kr/ko/sub02/sub02_01_02.do

- 행정안전부 국가기록원. 국토 및 지역개발. 주택정책 DTI제도

- https://www.archives.go.kr/next/newsearch/listSubjectDescription.

do?id=009737&sitePage=

- HUG vs HF vs SGI…보증보험 3파전 가이드. 황은진. bizwatch (2025.09.27.)

- https://news.bizwatch.co.kr/article/real_estate/2025/09/12/0049

01 통계청(2024.7.16.). 2024년 5월 경제활동인구조사. 청년층 부가조사 결과 보도자료.

02 국가통계연구원(2025). 한국의 SDG 이행보고서 2025. 이러려고 은퇴한 게 아닌데. https://www.mk.co.kr/news/economy/10858596)

03 서울대 조영태 교수는 앞으로 정년 연장이 자연스러운 흐름이 될 것이라고 말한다. 하지만 정년이 늘어나도 은퇴 이후의 삶은 여전히 길다.

04 김진성(2023.9). 저출산 시대 청년의 경제적 삶과 금융. KB 금융지주 경영연구소.

05 이항용(2023.9). 이자수익 중심 구조 벗어나 독자적 부가가치 창출하는 산업으로. KDI 나라경제 2023.9월호

06 한국은행–지급준비제도 https://www.bok.or.kr/portal/main/contents.do?menuNo=200297

07 한국씨티은행은 2022년 8월 소비자금융 철수 발표. 2025년 3월 기준으로 소매금융 철수 완료

08 참고로 2025년 3월말 기준 개별신협 865곳, 농협 1,111곳, 수협 91곳, 산림조합 142곳, 새마을금고 1,288곳, 저축은행 79곳이 있다.(금융감독원 금융통계정보시템. 새마을금고 통계)

09 검색창에 '금융계산기'로 검색해서 계산하면 편하다.

10 2025. 9월 이후부터 1억 원으로 한도 상향.(언제 가입 했는지 상관없이 보호).

11 주택청약종합저축은 예금자보호법에 따라 보호되지는 않으나, 주택도시기금 재원으로 정부가 관리한다.

12 은행, 투자매매업자, 투자중개업자, 보험 모두 예금보호대상 금융상품으로 운용되는 확정기여형 퇴직연금,개인형퇴직연금제도 적립금과 ISA에 편입된 금융상품 중 예금보호 대상으로 운용되는 금융상품은 예금자보호가 된다.

13 준조합원으로 가입하기 위한 조건은? 만 19세 이상 국민이면서 출자금을 내야 한다. 지역별로 무료로 준조합원으로 가입해 주기도 한다.

14 원천징수: 예금이나 적금 만기가 되면, 원금과 함께 이자에서 15.4%의 세금을 뗀 금액을 받게 된다. 이렇게 세금을 미리 공제하고 지급하는 것을 '원천징수'라고 하며, 은행이 대신 신고 및 납부해 준다.

15 아직 확정적인 상품설계가 나오지는 않았지만, 2025.9월 말까지의 보도 자료 내용을 바탕으로 작성하였다.

16 중위소득: 모든 가구를 소득순으로 나열했을 때 딱 중간에 있는 소득(보건복지부가 1년에 한 번씩 중위소득 발표)

중위소득	1인	2인	3인	4인
26년 100%	256만 4,238	419만 9,292	535만 9,036	649만 4,738
26년 200%	512만 8,476	839만 8,584	1,071만 8,072	1,298만 9,476

17 국민주권정부 청년정책 추진방향 보도자료(2025.9.22.). 관계부처 합동.

18 박광수, 양재영, 주소현(2018). 개인재무설계. 시대가치.

19 투자는 미래를 보고 하는 일이다. 미래에 어떤 결과가 발생할지 투자 시점에서는 미리 알 수 없기 때문에 투자시장에서는 불확실성을 리스크라고 부른다.

20 황숙혜(2025.5.19.) 두 번째 버핏은 없다. https://www.newspim.com/news/view/20250519001099

21 한국거래소(2016). 똑똑한 자산관리 ETF ETN

22 뱅가드Vanguard 등의 ETF 창시자와 글로벌 금융 기관들의 글과 리포트 등에서 찾을 수 있다. ETF는 짧은 역사에 비해 가장 큰 혁신적인 금융상품이라고 불리고 있다.

23 KRX ETF, ETN Monthly 2025-9월호

24 세법 개정 이후 2025.7.1.부터 해외주식형 TR ETF 신규 출시 금지됨. 기존 운용 중인 것도 운용 방식을 바꾸어야 함. 국내 주식형 TR ETF는 유지.

25 투자자의 주식은 한국 예탁결제원에 보관되며, 보관된 주식은 한국 거래소를 통해

매수, 매도 한다. 주식을 거래할 때 이 두 기관을 이용하기 때문에 이 두 기관에 유관기관 이용 수수료를 낸다.

26 대표적 KRX 유관기관 수수료 주식 0.0036396% 임

27 미국 주식은 미국 증권거래위원회 수수료와 금융산업규제당국FINRA 수수료도 지불해야 한다.

28 직전 사업연도 말 종목별 해당법인 주식지분율 코스피1%(코스닥 2%)를 넘게 보유하거나, 시가총액 50억 넘으면 양도세 부과.

29 해외주식, 해외 상장된 해외 ETF는 해외에서 배당금 원천징수, 국내에서 금융소득 2,000만 원 초과 시 금융소득 종합과세 대상(대신 해외에서 원천 징수된 세금은 국내 종합과세 시 외국 납부 세액공제 필수임)

30 ETF는 기본적으로 펀드 상품이기 때문에, 한국거래소에 상장된 ETF는 투자 대상이 국내, 해외주식 상관없이 세법상 신탁형 펀드로 보아 펀드 상품의 세금 계산처럼 이익을 모두 분배금으로 보기 때문에 배당소득세 15.4%를 과세한다.

31 국내 상장 해외 ETF투자, 절세 계좌를 활용하라.
https://securities.miraeasset.com/public/mw/blog/html/20210420111222.html?ver=20210425065027

32 전국투자자교육협의회(2025), 금융투자 절세가이드

33 ISA 계좌를 만들면 200만원 비과세가 기본값이다. 그런데, 직전년도 근로소득 5천만 원(종합소득 3,800만원) 이하이면 비과세 한도를 400만 원까지 늘려준다.(금융사에 연락해 소득 증빙 절차가 한번 거치고 서민형으로 전환 가능, 가입 시 소득확인 증명서(개인종합자산관리계좌 가입용) 제출) 혹시, 일반형으로 가입했더라도 가입 시점이나 연장 시점 직전년도 소득이 ISA 서민형 기준을 만족하는 경우 서민형으로 전환 가능하다.

34 한 사람당 한계좌만 가입 가능하기 때문에, ISA 계좌 이전을 원하는 경우 세제상 불이익이 없이 변경이 가능하다. 계좌를 이전해도 비과세, 손익통산 등 세제 혜택이 유지되며, 가입 기간도 기존 계약 체결일을 기준으로 한다. 계좌 이전과정에서 수수료 등은 발생하지 않는다.

35 금융투자협회(2025.7.30.) 국민 자산관리계좌 ISA 40조 원 돌파. 보도자료.

36 보험사의 경우 취급 회사도 거의 없고, 주력상품도 아니기 때문에 보험사를 통한 ISA 가입자 비율은 거의 없다고 봐도 무방하다.

37 보험료율은 2026년부터 매년 0.5%씩 올라서 2033년에 13%가 된다. 매달 월급에서 나가는 것이 4.5%에서 2033년에는 6.5%로 늘어나지만, 소득 대체율이 2026년부터 40%에서 43%로 상향되고 국가 지급보장으로 법으로 명시되는 것으로 개편되었다.(보건복지부 보도자료 2025.3.20.)

38 기준이 되는 소득월액은 사업장 근로자의 경우 근로소득으로 산정하고, 지역가입자는 농업, 임업, 근로, 사업소득(부동산 임대소득 포함) 합산하여 산정한다.

39 국민연금 관리공단. https://www.nps.or.kr/jsppage/info/easy/easy_06_01.jsp

40 참고로, 은행에서 판매되던 연금저축신탁은 2018년 금융투자업 규정 개정을 통해 신규 개설이 중단되었다.

41 연금저축의 적립금은 세액공제를 받지 않은 원금, 세액공제를 받은 원금, 원금에서 발생된 운용수익이 있다. 세액공제를 받지 않은 원금은 비과세이다. 그러나 세액공제를 받은 원금과, 운용수익(이자)는 연금 소득세 과세 대상이다.(만약 무직자라면 연금저축보다 직접투자가 낫다. 직접투자는 배당소득세만 내면 되는데, 연금저축은 원금에대한 세금도 내고 월급이 없어 세액공제도 받지 못하기 때문이다.)

42 금융감독원. 연금저축 제도안내.
https://www.fss.or.kr/fss/main/contents.do?menuNo=200974

43 원리금 보장상품: 예금, RP, 국고채 등

원리금 비보장상품: ETF, 펀드, RETs, ELS, 회사채 등

(연금저축 IRP 계좌에서 모두 레버리지, 인버스 ETF는 투자 불가능하다.)

44 세액공제 한도는 IRP와 연금저축 합쳐서 900만 원이다. 만약 연금저축에 600만 원을 납입하면, IRP에는 300만 원까지가 세액공제 한도이다.

45 리볼빙의 또 다른 이름은 자유결제, 페이플랜, 페이다운, 최소결제, 일부만 결제 등이 있다. 헷갈리지말고, 신용카드는 다음 달도 어차피 쓰니 한도 절반 이하로 일시

불 결제만 써라!

46 왜 자꾸 최대 20%라고 하냐고? 2021년 7월 7일부터 법정최고금리 즉 법으로 최대 이만큼만 받을 수 있다고 적용한 최고금리가 20%이다. 그래서 20% 근처의 금리를 볼 수 있다. [이자제한법]

47 최근에는 신용정보법이 개정되면서, 카드사나 이동통신 3사 등도 신용 조회업을 할 수 있도록 승인받았고, 점점 더 많은 대안 신용평가 회사들이 생겨나고 있다.

48 은행법 제 2조(정의) "은행업"이란 예금을 받거나 유가증권 또는 그 밖의 채무증서를 발행하여 불특정 다수인으로부터 채무를 부담함으로써 조달한 자금을 대출하는 것을 업業으로 하는 것을 말한다.

49 제3금융권은 등록된 대부업체, 등록 안 된 대부업인 사채로 나눌 수 있다.

50 인터넷은행의 비상금 대출이 있다(금리4.5~15%정도). 성인이면서, 연체가 없으면 가능하다. 4~5%면 문제를 해결하고 최대한 빨리 갚자. 1년이 지나고 갑자기 신용대출한도가 줄거나, 대출금리 가 올라서 문제가 되는 경우가 많으니, 생활비 대출은 늘리지 말자.

51 한국대부금융협회(2025.3.24.) 한국대부금융협회, 불법사금융 피해구제 실적 발표

52 신용대출의 경우 대출기간은 통상 1년이며 만기일시 상환방식을 취한다. 1년 뒤 연장하게 되는데, 원금 줄어듦이 없이 이자를 매달 납입하기 때문에 5년 동안 동일하게 연장하여 이자만 내고 있다면 최종 대출이자는 다른 상환 방식의 거의 두 배의 이자를 내는 셈이다.

53 주택청약의 모든 것 p28. 한국부동산원. 2025 한빛 비즈.

54 분양: 새로 지어지는 집을 사는 방법
임대: 집을 장기간 빌려 사는 방법

55 주택청약의 모든 것(2025). 한국부동산원 한빛비즈

56 청약홈 https://www.applyhome.co.kr/ai/aie/selectSubscrptBnkbAllSbscrb StusView.do

57 2025. 10 현재 조정대상지역, 투기과열지구, 토지거래허가구역은 서울 25개구 전

역, 경기 12개 지역(과천시, 광명시, 수원시 영통구 · 장안구 · 팔달구, 성남시 분당구 · 수정구 · 중원구, 안양시 동안구, 용인시 수지구, 의왕시, 하남시)

58 주택공급에 관한 규칙에서 규정. 지역은 입주자모집공고일 현재 청약 신청자의 거주지 기준 / 평형은 청약하고자 하는 주택 평형 기준 (예: 현재 인천 거주, 85㎡ 청약하면 250만 원 예치금 필요) (예치금 부족하면 모집공고일 전까지 부족한 예치금 채우면 된다.) (참고: 국토교통부 주택청약 FAQ)

59 주택 공급은 주택이 건설되는 시,군에 거주하는 청약 신청자에게 우선적으로 공급되고 미달 되거나, 낮은 비율로 인근지역 거주자에게 기회가 간다. 해당지역 거주기간은 아래 표처럼 분양모집공고에 따라 다르다.

주택유형	해당지역	기타경기	기타지역	규제지역여부	재당첨제한	택지유형
국민주택	경기도 성남시 1년 이상 계속 거주자	경기도 6개월 이상 계속 거주자	수도권 거주자 (서울특별시, 인천광역시, 경기도 6개월 미만)	비규제지역	5년 (과밀억제권역, 85㎡)	공공택지 / 대규모택지

모집공고에 나온 거주 기간

60 민영주택의 경우 1주택도 청약 가능하다. 그러나 당첨자 선정은 무주택자에게 유리하다.

61 뉴홈의 사전청약은 24.5.14 이후 중단 발표되었지만,

62 한국부동산원(2025). 주택청약의 모든 것. 한빛 비즈 / 뉴홈.kr / 홈페이지, 책등 비율이 달라 대략적으로 참고만 하고, 실전에서는 모집공고를 보고 판단하기 바람.

63 한국부동산원(2025). 주택 청약의 모든 것. 한빛 비즈 참고

64 장애인, 철거민, 국가유공자, 이전기관 종사자, 외국인 등은 청약통장 없이 신청 가능

65 신유진(2024.3.27). 서울 공공아파트 청약, 평균 2,264만원 납입해야 당첨. 머니S

66 추첨제 물량 75%는 무주택세대 구성원에게 공급 / 25%는 무주택세대 구성원과 1주택 소유 세대에 속한 자에게 공급. 기존주택 처분 조건 당첨자는 입주 가능일부터 6개월 이내에 해당주택 미처분 시, 공급계약 해지

67 청약홈에 나와 있는 청년 전세임대 모집공고 참조하여 작성함

68 임대료 계산(4천만 원 이하 연 1.2%, 4~6천만 원 연 1.7%, 6천만 원 초과 연 2.2%(청년 1순위 우대금리 0.5%)

> **예** 1순위 청년이 전세보증금 1억 2천만 원 주택을 임차한 경우
>
> (전세보증금 − 임대보증금) ×1.7% ÷12개월
>
> = 12,000만 원 − 100만 원 ×1.7% ÷12 =168,583원

69 병역증명서에 의한 병역 이행 기간이 증명되는 경우 현재 연령에서 병역 이행 기간(최대 6년)을 빼고 계산한 연령이 만 34세 이하인 사람 포함. 즉, 18개월 복무했으면 35.5세까지.

70 근로기간 1년 미만으로 직전년도 신고소득이 없는 근로 소득자에 한해 당해 급여명세표 등으로 연소득 환산 후 가입 가능

※ 비과세 소득만 있는 군인(현역병, 사회복무요원 등), 군 복무 기간 비과세 소득만 있었던 전역자(직전 과세 기간중 복무한 기간이 1일 이상 포함된 경우) 포함

71 미성년자 청약통장 인정은 5년 즉 14세부터 가입하면 최대치로 인정받는다.

72 비과세 종합저축: 만 65세 이상, 장애인 등 저소득 및 소외계층을 대상으로 하는 저축상품

73 직전 과세기간의 총급여액이 3,600만원을 초과하는 근로소득이 있는 자 및 비과세 소득만 있는 자는 제외

74 주택청약종합저축 연말정산 소득공제 혜택(2015.1.1. 납입일부터 개정된 세법 적용)

75 이명박 정부때 2008년 개인의 전세자금 대출액은 최대 1억 원으로 출발해 2억으로 확대했다. 박근혜 정부 때 2015년에는 전세대출을 5억 원으로 확대했다.

76 전세 전에 대출받은 내역인 근저당(대출)이 너무 많으면, 위험. 집에 문제가 생겨 경매 넘어가면 내 전세금을 돌려받지 못할 수 있음.

77 2+2 계약갱신 청구권, 임대료 5% 상한은 세입자 보호를 위해 만들어진 제도로, 계약만료일 6개월 전에서 2개월 전까지 의사 표현을 해주면 된다. 전화나 카톡, 문자로 기록을 남긴다. 보증보험 가입 연장 가능여부 확인하고 재계약해야 한다. (2020.7.31. 시행)

78 전세보증사고가 얼마나 많아졌냐하면, 주택도시보증공사HUG 전세자금보증금 사

고 금액은 2015년 16억 원에서 2018년 848억 원, 2019년 279억원, 202년 4302억 원으로 꾸준히 증가하다가 2022년 1조 198억 원으로 1조가 넘고 2023년에년 3조 3039억 원으로 급증하고 있다. https://www.data.go.kr/data/15128044/fileData.do

79 1년마다 갱신. 보증료를 임대 사업자가 75% 세입자는 25% 부담(2020. 8월부터 의무화(민간임대주택에 관한 특별법))

80 자산기준 = (부동산 + 자동차 + 금융자산 + 일반자산) − (금융부채 + 일반부채)

81 신혼 등 수도권 2.5억원, 지방 1.6억원 / 신생아 전지역 2.4억원

82 확정일자란 건물소재지 관할 세무서장이 그 날짜에 임대차 계약서의 존재 사실을 인정하여 임대차 계약서에 기입한 날짜를 말한다.(상가건물 임대차 보호법 제 4조 제1항 참조)

83 '우선변제권'이란 임차주택이 경매 또는 공매되는 경우에 임차주택의 환가대금에서 후순위권리자나 그 밖의 채권자보다 우선하여 보증금을 변제받을 권리를 말한다(「주택임대차보호법」 제3조의 2 제2항).
    · 우선변제권은 임차인이 대항력(주택의 인도 및 전입신고)을 갖추고 임대차계약서상에 확정일자를 받은 경우에 취득할 수 있다(「주택임대차보호법」 제3조의 2 제2항).

84 온라인 확정일자 사건은 부동산 정보를 기준으로 전국 총 21개의 전담등기소(각 20개 지방법원 등기국/과/소 및 지원 등기소 1개(수원지방법원 안양지원 안양등기소))로 배분되어 각 등기소의 업무 담당자가 처리하고 있다. 16시 이후 접수된 건은 당일 처리가 어려울 수 있다. 당일 처리를 원할 경우 관할 주민센터 또는 가까운 등기소로 내방하여 확정일자 부여를 받아야 한다. 주민센터의 경우 전입신고를 하지 않는 상태에서 확정일자 부여 가능 여부는 해당 동사무소로 확인 한다. 확정일자 신청/발급 서비스(토요일, 일요일 및 평일 16시 이후에는 다음 근무일에 부여될 수 있음) 등기소에서 확정일자를 받는 경우 등기소 관련 대장에 기재 내용은 임차인 성함, 주소, 계약서 종류, 날짜이며 기록은 20년간 보관한다.(참고: https://www.iros.go.kr/ 자주 묻는 질문 참고)

85 주택임대차보호법 제3조 제1항(대항력은 임차인이 임대인으로부터 주택을 인도받고 전입신고를 하여 주민등록을 마치면 다음 날 오전 0시부터 생긴다.(「주택임대차보호법」

제3조 제1항 및 대법원 1999. 5. 25. 선고 99다9981 판결))

86 https://toss.im/tossfeed/article/ltv-dti-dsr 참고

87 수도권, 규제지역 주담대 대출한도 주택가격에 따라 차등: 15억원 이하 6억원 한도, 15~25억원 이하 4억원 한도, 25억원 초과 2억원

88 일반 전지역 최대 2억원, 생애최초 2.4억 원, 신혼 등 3.2억 원, 신생아 4억 원

89 금융위원회(2025.6.2.7), 긴급 가계부채 점검 회의를 개최하여 수도권 중심의 가계부채 관리 방안 발표. 관계부처 합동 보도자료. 금융위원회(2025.9.7.) 주택공급 확대 방안 관련 긴급 가계부채 점검회의 개최. 관계부처합동 보도자료.

90 대출모집인은 은행, 저축은행, 보험사 등 개별 금융회사와 계약을 맺고 개인 대출 고객을 끌어오는 대출상담사와 대출 상품에 대한 판매 대리, 중개업무 위수탁 계약을 체결하는 대출 모집법인을 의미한다.(2024년 2월 5대은행(국민, 신한, 하나, 우리, 농협)에 등록된 대출모집인은 총 2,754명이다. 저축은행의 대출모집인은 1,443명이다.)

91 저축은행은 대출모집인에게 지급하는 수수료는 대출액의 2~3%, 핀테크 업체는 1.48% 정도임. 때문에 핀테크 업체를 중심으로 한 대출이 증가세임

92 재산세와 종합부동산세는 공시가격을 기준으로 한다.
공시가격: 정부가 조사하여 매년 1월 1일 기준으로 결정하는 표준 가격(조회는 부동산 공시가격 알리미에서!)
최종기준: 과세표준 산정
과세표준 = 공시가격 × 공정시장가액비율(주택 60%)

20대 부자 수업
야무지게 모으고
똑똑하게 투자하자

초판 1쇄 인쇄 _ 2026년 1월 15일
초판 1쇄 발행 _ 2026년 1월 25일

지은이 _ 김태은

펴낸곳 _ 바이북스
펴낸이 _ 윤옥초
책임 편집 _ 김태윤
책임 디자인 _ 이민영

ISBN _ 979-11-5877-403-5 03320

등록 _ 2005. 7. 12 | 제 313-2005-000148호

서울시 영등포구 선유로49길 23 아이에스비즈타워2차 1005호
편집 02)333-0812 | 마케팅 02)333-9918 | 팩스 02)333-9960
이메일 bybooks85@gmail.com
블로그 https://blog.naver.com/bybooks85

책값은 뒤표지에 있습니다.
책으로 아름다운 세상을 만듭니다. ─ 바이북스

미래를 함께 꿈꿀 작가님의 참신한 아이디어나 원고를 기다립니다.
이메일로 접수한 원고는 검토 후 연락드리겠습니다.